Nachkriegsmoderne in Deutschland

Michael Braum, Christian Welzbacher (Hg.)

Nachkriegsmoderne in Deutschland
Eine Epoche weiterdenken

Birkhäuser
Basel • Boston • Berlin

Die Bundesstiftung Baukultur wird vom Bundesministerium für Verkehr,
Bau und Stadtentwicklung finanziell gefördert.

Layout, Satz und Umschlaggestaltung: forst für Gestaltung_Hamburg_Berlin
Umschlagabbildung: e27_Berlin
Lithographie: Einsatz Creative Production_Hamburg
Druck: fgb.freiburger grafische betriebe_Freiburg

Frontispiz: Kammbebauung der „City-Hofhäuser" am Ausgang des Walltortunnels,
Klosterwall, Hamburg. Entwurf: Rudolf Klophaus, 1954 – 1960. Seit 2003 wird über den Abriss
diskutiert. Aufnahme aus der Dokumentation www.restmodern.de.

Bibliografische Information der Deutschen Bibliothek
Die Deutsche Bibliothek verzeichnet diese Publikation in der Deutschen Nationalbibliografie;
detaillierte bibliografische Daten sind im Internet über http://dnb.ddb.de abrufbar.

© 2009 Birkhäuser Verlag AG
Postfach 133, CH-4010 Basel, Schweiz
Ein Unternehmen der Fachverlagsgruppe Springer Science+Business Media

Gedruckt auf säurefreiem Papier, hergestellt aus chlorfrei gebleichtem Zellstoff. TCF ∞

Printed in Germany
ISBN 978-3-0346-0108-5

9 8 7 6 5 4 3 2 1

Inhalt

Michael Braum

Editorial

Eigentlich hatte in den 1950er und 1960er Jahren alles besser werden sollen. Die im Krieg zerstörten Städte wurden wiederaufgebaut; man lernte aus den Fehlern der Gründerzeit; die Enge der Stadt des ausgehenden 19. und frühen 20. Jahrhunderts wurde durch eine „Stadtlandschaft" ersetzt, gegliedert durch großzügige Grün- und Freiräume. Doch als die Utopie Realität wurde, rief sie Kritiker auf den Plan. Die „Nachkriegsmoderne", die sowohl in ihrer architektonischen Ausformulierung als auch in ihrer städtebaulichen Umsetzung internationale Planungsgeschichte geschrieben hat, steht seither – und bis heute – auf dem Prüfstand.

Das liegt vor allem daran, dass viele Fragen zum Umgang mit Stadt, Raum und Architektur, die in der Öffentlichkeit diskutiert wurden, weiterhin ungelöst sind; und dies, obwohl die Stadtentwicklung seit den 1960er Jahren nicht mehr allein Aufgabe der Architekten und Ingenieure war. Eine Vielzahl von Vertretern verschiedener Wissensdisziplinen war in die Planungsprozesse involviert, Stadtplaner wie Kevin Lynch, teilnehmende Beobachterinnen wie die Autorin Jane Jacobs, Sozialpsychologen wie Alexander Mitscherlich und Informations-ästhetiker wie Max Bense beeinflussten die Städtebau- und Architekturdebatte international. Dank ihrer Beteiligung wurden die Diskussionen zunehmend durch neue Ansätze erweitert. Konjunktur hatten Begriffe wie „Dichte" und „Urbanität", welche die Idee der gegliederten und aufgelockerten Stadt der 1950er Jahre ablösen sollten. Gleichzeitig galt Le Corbusier, der bereits in den 1930er Jahren mit seinen Hochstraßen für Algier und São Paulo und mit seinen Neuordnungsplanungen für Paris auf sich aufmerksam machte, ein anhaltendes Interesse.

Doch die Kritik provozierte neue Kritik. Das Leitbild der 1960er Jahre, „Urbanität durch Dichte", ließ eine unselige Liaison entstehen. Architekten und Stadtplaner sahen die Chance, „Stadt" anders zu denken – den Spekulanten war der Ansatz willkommen. Geschäftemacherei und Rücksichtslosigkeit waren damals ebenso verbreitet wie heute, doch schlugen sie angesichts der unvergleichlich hohen Produktionszahlen wesentlich stärker durch. So mussten noch einige Jahre vergehen, bis eine grundsätzlich veränderte Haltung den konzeptionellen Rahmen des städtebaulichen und architektonischen Umgangs mit den Städten dahingehend bestimmte, nicht mehr den abstrakten Raum, sondern den konkreten Ort in den Fokus des entwurflichen Handelns zu stellen.

Trotz dieser dramatischen Entwicklungen war bei zahlreichen Entwerfern, die nachdachten wenn sie handelten, bei aller Großmaßstäblichkeit auch Selbstbescheidung im Spiel. Die Nachkriegsmoderne ist nicht generell geschichts- und ortlos. Sie versteht sich in vielen Fällen durchaus im Kontext mit dem historisch Tradierten. Denkt man beispielsweise an die Qualität der Architektur von Dieter Oesterlen in Hannover – des Historischen Museums und des Plenarsaals des Niedersächsischen Landtags – oder des Theaterneubaus in Ingolstadt von Hardt-Waltherr Hämer, so erkennt man Gebäude, die äußerst sensibel auf ihre Umgebung reagierten, ohne den Zeitgeist ihrer Entstehung zu verbergen.

Die Idee, sich mit dieser Thematik auseinanderzusetzen, ist unter anderem eine Folge der langjährigen Erfahrungen mit der städtebaulichen Entwicklung Hannovers nach 1945, die ich im Rahmen meiner Lehr- und Forschungstätigkeit an der Fakultät für Architektur und Landschaft der Leibniz-Universität Hannover sowie als praktizierender Städtebauer und Stadtplaner sammeln konnte. Hier wurde mir bewusst, dass die Besonderheiten vieler lange geschmähter Projekte heute wieder Interesse wecken, wenn man sich angemessen mit ihnen auseinandersetzt: Die Künstlichkeit und Komplexität von „bigness" und die Chance, aus der Unpersönlichkeit gewaltiger Dimensionen eine neue „Alchemie der Funktionen", wie es Wolfgang Pehnt treffend beschrieb, zu entwickeln, hat offensichtlich nicht erst Rem Koolhaas entdeckt. Sie ist bereits in den Bauten und Stadträumen der Nachkriegsmoderne angelegt.

Eine angemessenere Beurteilung von Architektur und Städtebau der Nachkriegsmoderne ist vor diesem Hintergrund angeraten. Dabei gilt es, die Öffentlichkeit für die Bauzeugnisse der 1950er bis 1970er Jahre zu interessieren, um sowohl die Rekonstruktionseuphorie der „Stadtverschönerer" als auch die Hightech-Euphorie der „Zeitgeister" in ihrem jeweiligen Absolutheitsanspruch zu relativieren. Exemplarisch dafür steht die absehbare Zerstörung des städtebaulichen Ensembles rings um die Berliner Kaiser-Wilhelm-Gedächtniskirche, das als „Zentrum am Zoo" seit Beginn der 1950er Jahre entstanden war. Der Abriss des Schimmelpfeng-Hauses in Verbindung mit den geplanten Turmhäusern der zukünftigen City West werden das alte Wahrzeichen marginalisieren und in diesem Zuge ganz nebenbei die räumlichen Qualitäten der Gesamtanlage zwischen Breitscheid- und Ernst-Reuter-Platz empfindlich stören, um sie schlussendlich zu banalisieren.

Die Nachkriegsmoderne hat offensichtlich noch keine Lobby. Das nimmt die Bundesstiftung Baukultur zum Anlass, mit dem vorliegenden Buch das Nachdenken über die Qualitäten, aber auch über die Defizite dieser so prägenden Epoche zu fördern. Dabei soll nicht verschwiegen werden, dass die immer noch gültige, vor mehr als 2000 Jahren von Vitruv formulierte Dreieinigkeit der Architektur aus Utilitas, Firmitas und Venustas (Nützlichkeit, Festigkeit und Anmut) vom analytischen Geist der späten Moderne förmlich zerlegt wurde und dass dieser Vorgang maßgeblich dafür verantwortlich ist, dass es um die Akzeptanz der Nachkriegsmoderne heute so schlecht bestellt ist. Umso mehr gilt es, sehr genau hinzusehen, um dabei festzustellen, dass auch die Nachkriegsmoderne über stadträumliche und architektonische Qualitäten verfügt, die sie – und nur sie alleine – auszeichnen. Den Blick dafür schulen und ein Verständnis auch für die vielleicht verborgenen Qualitäten wecken – dies wollen wir mit dieser Publikation leisten.

Mein besonderer Dank gilt neben den Autoren dieses Buches den Mitarbeiterinnen und Mitarbeitern der Bundesstiftung Baukultur, insbesondere Wiebke Dürholt und Claus C. Zillich für ihre konzeptionelle und inhaltliche Mitwirkung.

Potsdam, im Juli 2009

Christian Welzbacher

Nachkriegsmoderne in Deutschland
Annäherung an eine unterschätzte Epoche

01__Vergessenes Meisterwerk der Nachkriegsmoderne. Ehemalige Rotaprint-Fabrik, Berlin-Wedding. Entwurf: Klaus Kirsten, 1958–1959.

„Wo ist das?", wollte im März 2009 die Neue Zürcher Zeitung von ihren Lesern wissen. Zu dieser Frage präsentierte die Redaktion auf ihrer Homepage das Luftfoto einer beliebigen Vorstadt aus den sechziger Jahren. Das Bild zeigte ein halbes Dutzend langgestreckte (gelb verkleidete) und etwa fünf hochgereckte (weiß verkleidete) kubische Bauten, mehr oder weniger frei in die Landschaft gewürfelt – anscheinend eine Wohnsiedlung. „Wo ist das?" Natürlich spielt dieses Rätsel mit einem Klischee. Denn seit Architekten erstmals vom „International Style" sprachen kann Architektur nicht nur überregional, sondern auch ortlos sein.[1] Die Wohnkuben des NZZ-Quiz stehen überall und nirgends. Eigentlich kann es eine Antwort auf die Frage gar nicht geben.

Oder doch? Diejenigen Leser, die genau hinschauen, in scheinbar uniformen städtebaulichen Rastern individuelle Verschiebungen, besondere Muster und Merkmale entdecken, werden sagen können, dass es sehr wohl Unterschiede gibt zwischen dieser Siedlung der Nachkriegsmoderne und den zahllosen anderen. Die Denkaufgabe der Zeitung macht – vielleicht unfreiwillig – deutlich, dass die angemessene Annäherung an Architektur und Städtebau zwischen 1945 und 1975 ohne den zweiten Blick nicht möglich ist. Nuancen, Werte, Kontexte, Bedeutungen, Qualitäten erschließen sich nicht leicht – schon allein deshalb, weil jede (kritische) Würdigung von einer Fülle lange gehegter Vorurteile überschattet wird.

Mehr noch: die sogenannte „Postmoderne", die seit Ende der sechziger Jahre eine Rückkehr zum orts-, geschichts-, und typologiegebundenen Entwerfen forderte, lässt sich als dezidierte Gegenbewegung zu den vermeintlichen Verfehlungen der „Nachkriegsmoderne" begreifen. Charles Jencks eröffnete sein legendäres Buch „The language of post-modern architecture" (1977) mit dem eindrucksvollen Bild von der 1972 durchgeführten Sprengung einer gigantischen

spätmodernistischen Trabantenstadt, die nur zwanzig Jahre früher im Rahmen eines Sozialwohnungsprogramms entstanden war. Die Frage „Wo ist das?" spielte dabei für Jencks keine wirkliche Rolle. Denn „Pruitt Igoe" in St. Louis (so der Name der Hochhausblöcke, deren Entwurf von Minoru Yamasaki stammte, dem Architekten des New Yorker World Trade Center) verdeutlichte für ihn das endgültige Scheitern der gesamten Moderne, sei sie nun vor oder nach dem Krieg entstanden.[2]

Gepflegte Vorurteile

Klischee und Kritik hatten sich im Laufe der siebziger Jahre zur pauschalen Ablehnung verbunden. Und dies, obwohl die Auseinandersetzung zuvor differenzierter, konstruktiver geführt worden war. Schon die Protagonisten der Moderne selbst hatten frühzeitig vor bestimmten Fehlentwicklungen gewarnt, darunter übertriebene Uniformität und dogmatischen Funktionalismus. 1943 veröffentlichten die Mitglieder der „CIAM" (Congrès International d'Architecture Moderne – seit der „Charta von Athen" von 1933 gleichsam die Komintern des Avantgarde-Modernismus) ein Manifest, das „Monumentalität" und Bildhaftigkeit als Teil der architektonischen und der menschlichen Kultur begreift.[3] Wenig später mahnte der Erfinder der shopping mall, Victor Gruen, vor dem Kollaps der historischen Innenstädte durch „urban sprawl" und die Dominanz des Autos.[4]

In den sechziger Jahren kam Kritik von Außen hinzu: die Öffentlichkeit, vertreten durch engagierte Journalisten, unterzog die Veränderung der urbanen Räume einer gründlichen Prüfung. 1961 veröffentlichte Jane Jacobs ihr Buch „The death and life of great american cities", das den Niedergang der Metropolen durch die Stadtplanung des Spätkapitalismus beschreibt. Drei Jahre darauf – die Probleme der Neuen Welt waren längst in Europa sichtbar – erschien in Deutschland der

1. __ Der Begriff geht auf die 1932 von Philip Johnson am New Yorker Museum of Modern Art kuratierte Ausstellung „The international style" zurück, die eine kleine Auswahl „stilistisch" ähnlicher, zeitgenössischer Bauwerke aus der ganzen Welt versammelte. Vgl.: Henry Russell Hitchcock und Philip Johnson: The international style. With a new foreword by Philip Johnson. New York, London 1995.
2. __ Angeblich ist die Sprengung von Pruitt Igoe sogar im Fernsehen übertragen worden. Der Film „Koyaanisqatsi" (1982) nutzt die Bilder der leerstehenden – dann der in sich zusammensackenden Siedlung – für eine monumentale Sequenz zur redundanten Musik von Philip Glass.
3. __ „Neun Punkte über Monumentalität – ein menschliches Bedürfnis" wurde von Fernand Léger, Josep Lluis Sert und Sigfried Giedion verfasst. Hierzu beispielhaft: Sokratis Georgiadis: Nicht unbedingt modern, in: Arch+, Nr. 143, Oktober 1998 (Die Moderne der Moderne), S. 82–85. Weiterhin: Eric Paul Mumford: The CIAM-discourse on urbanism 1928–1960. Cambridge, Mass., 2000.
4. __ Siehe: Robert A. Futtermann: The future of our cities. Introduction by Victor Gruen. Garden City 1961 und besonders: Victor Gruen: The heart of our cities – the urban crisis: diagnosis and cure. New York 1964.

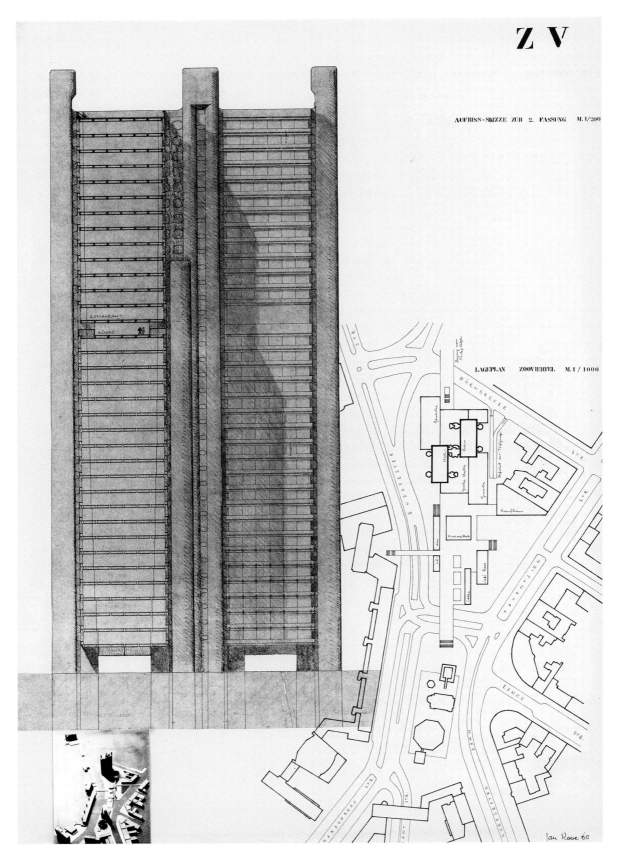

02 __ Maßstabssprung. Vorschlag zur Bebauung des Bereiches City-West in Berlin. Entwurf: Jan Rave.
Beitrag zum Schinkel-Wettbewerb, 1960.

Bildband „Die gemordete Stadt". Wolf Jobst Siedler, damals Feuilletonist des „Tagesspiegel", dokumentierte gemeinsam mit der Fotografin Elisabeth Niggemeyer die Zerstörung der Berliner Gründerzeitviertel, die dem Siedlungs-, Bürohaus- und Autobahnbau weichen mussten. Der Soziologe Alexander Mitscherlich lieferte mit dem Titel seines Buches „Die Unwirtlichkeit unserer Städte" (1965) ein vielzitiertes Schlagwort der soziologischen Modernekritik. Sogar der Schriftsteller Peter Handke setzte sich kurz darauf mit der zugigen Weite der Pariser Trabantenstadt La Défense auseinander.[5] Die real existierende Nachkriegsmoderne war ein Thema, das Kultur, Politik und Gesellschaft gleichermaßen beschäftigte – und die Kritik schwappte zurück in die Fachwelt der Städtebauer und Architekten, die ihre Vorstellung von der planbaren Welt allmählich relativierten.

Doch Anfang der 1970er Jahre gerann die Debatte zum Klischee. Vor allem in Deutschland verhärteten sich die Argumente. Die euphemistisch „Flächensanierung" benannten Abrisswellen der 1950er und 1960er Jahre galten nun nicht mehr als „Stadterneuerung", sondern als „zweite Zerstörung" nach den Zerstörungen des Weltkrieges.[6] Symptomatisch für den neuen Kurs im Umgang mit der Nachkriegsmoderne war ein Beitrag der Zeitschrift „Der Spiegel" aus dem Jahr 1969. Das Magazin brachte damals eine Generalabrechnung mit dem gesamten sozialen Wohnungsbau, verglich Trabantenstädte wie das Märkische Viertel in Berlin oder die Neue Vahr in Bremen mit „Ghettos" und diffamierte die Architekten.[7] Der Architekturkritiker Christoph Hackelsberger warnte eindringlich vor dem gedanklichen Kurzschluss zwischen Missstand und Berufsstand: „Und weil die Gesellschaft (das sind wir alle, auch die Spiegel-Leser) schwer zu greifen und journalistisch attraktiv zu bringen ist, findet der Spiegel nach bewährter Manier Sündenböcke. Die Architekten sind's, hier ist das Übel personifiziert. Halten Sie sich nicht beim angeblichen geistigen Bankrott des Berufsstands der Architekten auf. Sie haben auf 14 Seiten etwas viel Wichtigeres und Richtigeres beschrieben: die Rat- und Ziellosigkeit unserer Gesellschaft. Sprechen Sie darüber, informierter, genauer, öfter und härter. Aber machen Sie nicht den Fehler, dem deutschen Volk die Architekten als Juden der fünfziger und sechziger Jahre anzudienen."[8]

Der drastisch formulierte Appell nutzte wenig. Denn seither ging es bei der Kritik der Nachkriegsmoderne nicht mehr um die sozialpolitischen Entstehungszusammenhänge bestimmter urbaner Zustände, sondern um Oberflächen: Architektur, besonders wenn sie den konstruktiven Beton offen zeigte, galt als Symbol einer Fehlentwicklung – und dieses Symbol störte. So trat die rituelle Empörung über Symptome an die Stelle von Ursachenbekämpfung, die Instandsetzung, Renovierung, Projektbetreuung und -begleitung, letztendlich intensives Nach- und Weiterdenken bedeutet hätte. Aber dieser komplexe Ansatz war nicht jedermanns Sache. Als Stanley Kubrick Anthony Burgess' bizarre Utopie „A clockwork orange" verfilmte, siedelte er das Lebensumfeld von Alex und seinen „droogs", jener Jugendgang, die mordend und brandschatzend um die Häuser zieht, fast selbstverständlich in einer heruntergekommenen „new town" an. Das war 1971. Noch Ende der 1990er Jahre erklärte der damalige Berliner Senator Klaus-Rüdiger Landowsky, man müsse Bauten wie den Schöneberger „Sozialpalast"[9] und das Neue Kreuzberger Zentrum am Kottbusser Tor nur endlich abreißen, um die sozialen Probleme zu beseitigen, deren Entstehung auf die Nachkriegsmoderne zurückginge.

5. __ Vgl. die Fotodokumentation in der Sammlung „Als das Wünschen noch geholfen hat", Frankfurt am Main 1974.
6. __ Beispielhaft: Friedrich Lindau: Hannover: Wiederaufbau und Zerstörung. Die Stadt im Umgang mit ihrer bauhistorischen Identität. 2. Auflage. Hannover 2000.
7. __ Der Text erschien unter dem Titel „Zukunft verbaut – Wohnen in Deutschland". Die Redaktion des Spiegel konstatierte wenige Jahre später selbstbewusst: „Seit der Titelgeschichte über den nachkriegsdeutschen Wohnungsbau (Spiegel 6/1969) leben Deutschlands Architekten in einem gespaltenen Verhältnis zum Spiegel: Sie schätzen ihn als Forum für die Propagierung ihrer Bauten und Innovationen; unbequem dagegen ist er ihnen wegen seiner Kritik, bei der – anders als in den standeseigenen Fachblättern – auch Ross und Reiter genannt werden. Spiegel-Untersuchungen über die Schlafstadt „Märkisches Viertel" in West-Berlin und das Büro-Ghetto „City Nord" in Hamburg, die bedrohten Altstädte und die neuen Regierungsbauten erhellten die wechselnde Rolle des Architekten zwischen Kunst und Kommerz. Eine neue Kritik, anlässlich des ‚Deutschen Architektentages' Ende letzter Woche in Hamburg, steht auf Seite 206 (‚Kistenmacher im Büsserhemd', Autor: Spiegel-Redakteur Karl Heinz Krüger)." Zit. aus dem Editorial des Spiegel 39/1977.
8. __ Christoph Hackelsberger in: Der Spiegel, 8/1969, Leserbriefe. Vgl. zeitgenössisch weiterhin: Eberhard Schulz: Das Märkische Viertel heute. Eine kritische Betrachtung, Berlin 1975.

03___Institutsbauten und Hochhaus der Leipziger Universität. Die Bauten entstanden auf dem Grund der 1968 abgerissenen Universitätskirche. Das knapp 150 Meter hohe Hochhaus (Hermann Henselmann, 1968–1972) wurde 1999 zum „City-Hochhaus" umgebaut und vollständig verändert. Die angrenzenden Bauten wichen 2005 dem Entwurf des Niederländers Erick van Egeraat, der unter anderem eine Paraphrase der früheren Kirchenfassade vorsah.

04___Die planerische Beherrschbarkeit der Welt. Otto Kohtz, Hochhausstudie, um 1935.

Utopie und Banalität

Der Versuch, sich aus heutiger Sicht der Nachkriegsmoderne anzunähern, erfordert den Blick
hinter die Klischees – zumal diese sich in der
Verwahrlosung (Abb. 01) tatsächlich zu bestä-
tigen scheinen. Wer die Zeugen der einstigen
Utopie (Abb. 02) sucht, wird entstellte Fragmente
finden. Obwohl nur zwischen 25 und 55 Jahre alt,
sind die wenigsten Bauten und Stadträume noch
in originalem Zustand erhalten. Der Umgang mit
ihnen – oft aus der oben skizzierten Abneigung
heraus – hat sie bis zur Unkenntlichkeit verändert. Filigrane Raster wurden durch dicklaibige
Thermofenster entstellt, farbig-leuchtende Glas-
brüstungen durch mattes Blech ersetzt. Im Eternit
nisten Moose und Flechten. Hauchdünne, einst
schwebende Betondächer mussten aufgepolstert
werden. Verkehrsplätze sind zu Fußgängerzonen
umgewidmet worden. Trabantenstädte werden
„rückgebaut", innerstädtische Solitäre neuen
Nutzungen angepasst oder sie weichen dem
Investitionsdruck (Abb. 03). Die Beschäftigung
mit Bau und Städtebau der 1950er bis 1970er
Jahre ist längst zur Archäologie der Nachkriegsmoderne geworden. Sie muss sich Glanz und
Elend einer Ära aus spärlichen Überresten und
Quellen, aus alten Fotos und Texten wieder
erschließen. Glanz – und Elend: es bleibt also
die Frage, inwieweit die Planer Mitschuld an der
Verdammnis ihrer Planungen trugen.

Eine Antwort lautet dabei sicher: indem sie
die Erwartungen an die Disziplin Architektur in
schwindelnde Höhen schraubten. Bereits in
den zwanziger Jahren nährte die Avantgarde
die Vorstellung schierer Omnipotenz: Architektur könne, fast einer zweiten Schöpfung gleich,
Gesellschaft formen, den Menschen verbessern,
die Aufklärung vollenden (Abb. 04). „Erst muß
der Mensch wohlgestaltet sein, dann erst kann
ihm der Künstler das schöne Kleid gestalten.
Das heutige Geschlecht muß von Grund auf neu
beginnen, sich selbst verjüngen, erst eine neue

Menschlichkeit, eine allgemeine Lebensform des
Volkes erschaffen. Dann wird der Künstler das
einheitliche Sprachmittel finden, mit dem er sich
dem Volke verständlich machen kann." Wenngleich dieser „grundlegende Neubeginn" erst viel
später als totaler Bruch mit der Geschichte inter-
pretiert wurde, manifestiert Walter Gropius' Text
„Baukunst im freien Volksstaat" (1919) bereits
den umfassenden Anspruch der „Moderne". Das
Wort „Künstler" stand synonym für die veränderte
Rolle des gesamten Berufsbildes: „Architekt: das
heißt: Führer der Kunst", der „universelle Schöp-
fermensch und mächtige Meister aller künstlerischen Disziplinen", dessen „hohes Amt [...] wieder öffentliche Geltung finden" müsse.[10] Bau- und
Stadtbaukunst als Sozialutopie war das Leitmotiv
dieses veränderten Selbstbewusstseins: jede
Form der Architektur hatte von nun an politische,
gesellschaftliche Geltung. 1963 formulierte der
Kunsthistoriker Udo Kulturmann in seinem Buch
„Der Schlüssel zur Architektur von heute": „Die
schöpferischen Architekten der unmittelbaren Gegenwart haben die technische Revolution hinter
sich. Sie suchen auf einer anderen Basis nach
neuen Formen des menschlichen Zusammenle-
bens. Sie geben Visionen einer Welt, die durch
die aus der Form erschließbare Erfahrung erst
noch wachsen muß. Es geht ihnen nicht um die
Interpretation der Welt in ihrem jetzigen Zustand,
sondern um die Veränderung der Welt im Sinne
ihrer Ideale."[11]

Der Architekt als Visionär, Künstler, Schöpfer
– die Wirklichkeit zeigte freilich ein anderes Bild.
Nur die wenigsten Planer waren (und sind) mit
dem Talent des „Künstlers" gesegnet. Unter der
Hand von Beamten verformten sich die Manifeste
der Moderne zu steifen Regelwerken. In einem
doppelten Versprung lässt sich der Unterschied
zwischen Vorkriegs- und Nachkriegsmoderne
deutlich fassen: die Idee einer künstlerischen Be-
freiung, von einer avantgardistischen Minderheit
propagiert, wurde nun zum planerischen Dogma
der Mehrheit, das einst Radikale zum Mainstream.

9. __ Der 541 Wohneinheiten große „Sozialpalast", an der Stelle des abgerissenen „Sportpalasts", 1974–1977 nach Entwurf
von Jürgen Sawade, Dieter Frowein und Dietmar Grötzebach
errichtet, wurde 2003 zum „Pallasseum" umgewidmet und seither mit großem Aufwand neu gestaltet und unter Beteiligung
der Mieter sozial umstrukturiert. Vgl. zuletzt den – vielleicht
allzu positiven – Artikel „Das Wunder vom Sozialpalast", in: Der
Tagesspiegel, 9. Februar 2009.

10. __ Walter Gropius: Baukunst im freien Volksstaat
(erschienen im Deutschen Revolutionsalmanach auf das Jahr
1919). Zitiert nach: Christian Schädlich und Hartmut Probst:
Walter Gropius. Ausgewählte Schriften 3, Berlin 1988, S. 65.
Weiterhin: Karin Wilhelm: Auf der Suche nach der verlorenen
Unsterblichkeit. Technische Utopien in der Architektur des
20. Jahrhunderts, in: Utopie. Gesellschaftsformen, Künstlerträu-
me, hrsg. von Götz Pochat und Brigitte Wagner. Graz 1996,
S. 204–220.
11. __ Udo Kulturmann: Der Schlüssel zur Architektur von
heute. Wien, Düsseldorf 1963, S. 10.

05__Vorbild: Mies van der Rohe. Baden-Württembergischer Landtag am Neuen Schloss Stuttgart. Entwurf: Horst Linde, 1961.

06__Vorbild: Mies van der Rohe. Ehemaliges Druckereigebäude des Süddeutschen Verlages am Färbergraben, München. Entwurf: Detlef Schreiber, 1963. Zustand 2007.

Spätestens um 1960 war der „Modernismus" als Stil und Haltung in Deutschland flächendeckend eingeführt. Er dominierte die Architektenausbildung, die Leitplanungen der Städte und Kommunen, die Formensprache der Bauwerke und ihre Konstruktionsmethoden, den Umgang mit dem historischen Erbe. Das „künstlerische" Niveau von Walter Gropius, Ludwig Mies van der Rohe, Le Corbusier und anderen Gründervätern der Moderne, wurde dabei nur selten erreicht. Aber die Referenzobjekte der „heroischen Periode" der Moderne waren entscheidende Muster, ja selbst Kopiervorlagen für den flächendeckenden Modernisierungsschub.[12]

Beispiel Mies: Bräunlich-bronzene Brüstungsfelder und Stahlträger, vor die Vorhangfassade („curtain wall") gehängt – dem New Yorker Seagram-Hochhaus (1954–1958) entlehnt –, gehörten zum Standardrepertoire der deutschen Nachkriegsmoderne. Sie finden sich, beispielsweise, beim baden-württembergischen Landtag in Stuttgart genauso, wie am – mittlerweile abrissgefährdeten – früheren Druckereigebäude des Süddeutschen Verlages in München (Abb. 05 und 06). Beispiel Corbusier: Schon 1945 übernahm Hanns Hopp die kreuzförmigen Punkthochhäuser aus Corbusiers Idealplanung „Ville radieuse" (1922) für ein Projekt zum „modernistischen" Wiederaufbau des kriegszerstörten Dresden.[13] Das „Schweizer Haus" (1934) in der Pariser „Cité Universitaire" – mit dem Corbusier seinen (leicht kopierbaren) Regelkatalog „Cinq points d'une architecture nouvelle"[14] demonstrierte –, bildete die Vorlage für Otto Apels Wohn- und Geschäftshaus an der Berliner Straße in Frankfurt am Main (1956) oder die Universitätsbibliothek in Bonn (Fritz Bornemann und Pierre Vago, 1957–1961). Mit der Adalbertkirche in Hannover-Leinhausen schließlich errichtete Paul Wolters eine Replik auf Corbusiers skulpturale Wallfahrtskirche von Ronchamp (1950–1954, Abb. 07).

Moral- und Missverständnis

Die Gründe für derartige Adaptionen liegen zunächst in den geschickten Publikationsstrategien der Avantgarde. Sie verstand es, durch Bücher, Zeitschriften und ein umfangreiches Netzwerk

12.__ Der Begriff „heroische Moderne", der die Anknüpfung an die 1920er Jahre-Avantgarde beschwor, stammte von den britischen Architekten Alison und Peter Smithson, die in Anlehnung an die Dogmen des Modernismus die Prinzipien ihrer eigenen Architektur weiterentwickelten und zu einer asketischen Formen- und Materialreduktion gelangten, die später mit dem Schlagwort „Brutalismus" belegt wurde. Zu den Smithsons und ihrem Kontext: Claude Lichtenstein (Hrsg.): As found. Die Entdeckung des Gewöhnlichen. Zürich 2001.

13.__ Gabriele Wiesemann: Hanns Hopp. Königsberg, Dresden, Halle, Ost-Berlin. Eine biographische Studie zu moderner Architektur. Schwerin 2000, S. 124–133.

14.__ Willy Boesinger (Hrsg.): Le Corbusier 1910–1960, Zürich 1960, S. 44.

07__Vorbild: Le Corbusiers Kirche in Ronchamp. St. Adalbert, Hannover-Leinhausen. Entwurf: Paul Wolters, 1956–1958.

08__Vorbild: Lever-Building. Thyssen-Hochhaus („Dreischeibenhochhaus"), Düsseldorf. Entwurf: Helmut Hentrich und Hubert Petschnigg, 1960.

ihre Ideen zu verbreiten und als „neue Tradition" zu propagieren.[15] Für Deutschland kommt ein kulturpolitischer Umstand hinzu: im „Dritten Reich" war das Formen- und Ideenrepertoire der Klassischen Moderne aus dem Siedlungs-, Wohn- und Geschäftshausbau verdrängt worden und fand fast ausschließlich im Industrie- und Straßenbau Anwendung.[16] Die gleichzeitig voranschreitende Kanonisierung der Moderne bot daher den Architekten nach 1945 die Möglichkeit, ihre Prämissen wieder auf das gesamte Baurepertoire rückzuprojizieren. Hanns Dustmann, der zuvor Hitler-Jugend-Heime im Heimatstil geplant hatte, zeigte mit dem Berliner Geschäftshaus „Kranzler-Eck" (1957–1958) – ein heute stark verändertes Leuchtturmprojekt des Wiederaufbaus –, wie sich Corbusiers „cinq points" mit einer innerstädtischen Blockstruktur verbinden lassen.

Helmut Hentrich wiederum, einer der führenden Planer der Nachkriegsmoderne im Düsseldorfer Raum, der seine Karriere in den 1930er Jahren mit dem Wettbewerbssieg für das Gauforum Frankfurt/Oder begonnen hatte, suchte sich Anregungen in Amerika.[17] Sein grandioses „Dreischeibenhochhaus" für die Konzernverwaltung von Thyssen (1960, Abb. 08), lässt sich als direkte Reaktion auf das New Yorker Lever Building (1951–1952, Skidmore, Owings, Merrill) verstehen und es ist kein Zufall, dass es in seinem Œuvre beinahe voraussetzungslos erscheint. Das zehn Jahre zuvor entstandene Bankhaus Trinkaus (1949–1950, mittlerweile durch O. M. Ungers überformt) atmet noch den schwerfälligen Klassizismus und verdeutlicht die frappierenden Kontinuitäten der Karrieren über die „Stunde null" hinweg (Abb. 11, vgl. auch Abb.09 und 10). Die These von der

15. __ Vgl. Christian Welzbacher: Die stilisierte Moderne. In: Josef Paul Kleihues, Paul Kahlfeldt (Hrsg.): Berlin, Stadt der Architektur 1900–2000. Berlin 2000, S. 271–279. Giedions Hauptwerk „Raum, Zeit, Architektur", zuerst als „Space, Time and Architecture" auf englisch erschienen, trägt den Untertitel „The Growth of a new Tradition".
16. __ Im Verkehrswesen liegt fraglos die größte Kontinuität zwischen NS- und BRD/DDR-Planung. Hans Bernhard Reichow etwa, der Erfinder der „autogerechten Stadt" (Die autogerechte Stadt. Ein Weg aus dem Verkehrschaos, Ravensburg 1959), plante bis 1945 in Stettin unter ähnlichen Prämissen wie später in Bielefeld. Die Idee der Hamburger Ost-West-Straße, die in den 1950er Jahren verwirklicht wurde, stammte bereits aus den dreißiger Jahren. Hierzu ausführlich: Ralf Lange: Hamburg. Wie-

deraufbau und Neuplanung 1943–1963. Königstein 1994. Die Frage der „Kontinuität" wurde mustergültig, ausführlich und lesenswert aufgearbeitet von Werner Durth: Deutsche Architekten. Biographische Verflechtungen, Braunschweig 1986. Von Durth und Niels Gutschow bzw. Jörn Düwel stammen zudem die Grundlagenwerke zum Wiederaufbau in Ost und West: Träume in Trümmern. Stadtplanung 1940–1950, München 1993 sowie Aufbau. Städte, Themen, Dokumente und Ostkreuz. Personen, Pläne, Perspektiven, Frankfurt am Main 1998.
17. __ Zu den Gauforen allgemein: Christina Wolf: Gauforen. Zentren der Macht. Zur nationalsozialistischen Architektur und Stadtplanung. Berlin 1999. In Helmut Hentrichs Autobiografie „Bauzeit. Aufzeichnungen aus dem Leben eines Architekten" (Düsseldorf 1995) spielt das Gauforum keine Rolle, wohl aber die Amerikareisen 1954 und 1955.

09__Die sorgfältige Handwerklichkeit von Gerhard Graubners Schauspielhaus in Bochum (1949–1953) verdeutlicht stilistische und personelle Kontinuitäten vor und nach 1945.

10__Um 1960 vollzieht sich in Graubners Werk der ästhetische Wandel zur „Nachkriegsmoderne".
Schauspielhaus Wuppertal, 1963–1966.

11__Bankhaus Trinkaus, Düsseldorf. Entwurf: Helmut Hentrich
und Hans Heuser, 1949–1950.

12__Vorbild: Lever-Building. Haus
des Lehrers, Berlin. Entwurf: Hermann
Henselmann, 1961–64. Aufnahme
nach dem Umbau.

13__Vorbild: Lijnbaan. Webergasse, Dresden. Entwurf: Wolfgang Hänsch und
Kollektiv, 1958–1962. Die zweigeschossigen Ladenzeilen der verkehrsberuhigten
Anlage waren durch filigrane Pergolen miteinander verbunden, zwischen denen
sich Blumenrabatten und Telefonzellen befanden. Der Abriss erfolgte Ende der
1990er Jahre.

„nachgeholten" oder „aufgeschobenen Moderne"
lässt sich am Beispiel der Arbeiten von Dustmann
und Hentrich, des Hamburgers Caesar Pinnau
oder des Hannoveraners Gerhard Graubner geradezu idealtypisch illustrieren.[18]

Vergleichbar zeigte sich die Situation in
der DDR, die durch das historistische Intermezzo
der „nationalen Tradition" gegenüber dem neuen
Leitstil „Moderne" gleich doppelten Nachhol-
bedarf aufgestaut hatte. „Überholen ohne Einzu-
holen" (Walter Ulbricht), das bedeutete für die
Architekten ab Mitte der fünfziger Jahre: Adaption
brauchbarer Muster, Übernahme adäquater
Lösungen. Man verfuhr genauso, wie zuvor im
Westen: „Moderne" wurde durch Übertragungs-
leistung regelrecht erlernt. Auch Hermann
Henselmanns Berliner „Haus des Lehrers"
(1961–1964, 2002–2004 saniert und verändert),
ein Fanal für die gesamte Architekturentwicklung
der DDR, ist ohne das Lever Building nicht zu
verstehen.[19] (Abb. 12) Nach Dresden wurden
gleich zwei Komplettpakete aus Rotterdam
importiert: der neue Kulturpalast (1964–1969,
Wolfgang Hänsch und Kollektiv, Abb. 08, S. 63),

der das großdimensionierte – noch stalinis-
tische – Ensemble des Alten Marktes mit einem
modernistischen Akzent abschloss, weist deutliche Verwandtschaft zum Konzerthaus De Doelen
(1962–1966) auf. Die neue Webergasse (Abb. 13)
wiederum war eine kongeniale sozialistische
Paraphrase der Einkaufsstraße Lijnbaan (van den
Broek und Bakema, 1949–1953). Und wer einmal
das Leipziger Gewandhaus (1977–1981, Rudolf
Skoda und Kollektiv) besucht hat, weiß, dass sich
die Architekten Grundrisse und Ausführungs-
details von Hans Scharouns Chef d'oeuvre, der
Berliner Philharmonie (1957–1963), sehr genau
angeschaut haben müssen.

Jenseits von Urheberrechtsfragen wirkt das
für die Zeit um 1960 typische Verhältnis von „An-
passungsmoderne" und „Gesinnungsmoderne"
aus heutiger Sicht aber wirklich problematisch
nur dort, wo es erklärtermaßen um Moral geht:
beim Bauen für die Politik. Ein ganzer Reigen
repräsentativer Projekte scheint den immer
wieder kolportierten Konnex von „Moderne" und
„Demokratie" mustergültig zu demonstrieren:
Hans Schwipperts luftig-gläserner Plenarsaal

18. __ Christoph Hackelsberger: Die aufgeschobene Moderne.
Ein Versuch zur Einordnung der Architektur der fünfziger Jahre.
München, Berlin 1985.

19. __ Elmar Kossel: Hermann Henselmann und die Moderne.
Eine Studie zur Modernerezeption in der Architektur der DDR.
Dissertation Berlin 2008.

14__Parcours durch die Geschichte. Wiederaufbau des Kölner Gürzenich. Entwurf: Rudolf Schwarz, 1952–1955.

15__Historische Trouvaille als Kunst am Bau. Wiederaufbau der Münchner Herzog-Max-Burg unter Verwendung des Renaissanceturmes. Entwurf: Sep Ruf, 1954–1957.

in Bonn (1949 entstanden, Ende der 1980er Jahre abgerissen), der Deutsche Pavillon auf der Weltausstellung in Brüssel 1957 (Egon Eiermann und Sep Ruf), der Kanzlerbungalow (1962, Sep Ruf, denkmalgerechte Sanierung bis 2009).[20] Doch dieser Trias der politisch-architektonischen Nachkriegsmoderne steht eine Vielzahl steinern-konservativer Bonner Ministeriumsbauten entgegen. Sie entstanden nach Entwürfen der Bauverwaltung oder von Planern, die bereits vor 1945 erfolgreich waren – darunter selbst das Haus einer für die demokratische Außenwirkung so zentralen Behörde wie das Auswärtige Amt (1953, Hans Freese).[21] Ähnliche Schwierigkeiten bei der Zuordnung von Stil und politischer Botschaft gelten für die Regierungsbauten in Ostberlin. Wäre die „Verbindung der modernen Architekturauffassung mit einem antifaschistischen, dem Humanismus verpflichteten Weltbild" wahrhaftig vollzogen worden, wie es sich Hermann Henselmann 1946 vorstellte,[22] so müssten „Palast der Republik" (1974–1976, Heinz Graffunder, bis 2009 „selektiv rückgebaut"), DDR-Außenministerium (1964–1967, Josef Kaiser, 1996 abgerissen) und Staatsratsgebäude (1962–1964, Roland Korn und Hans Erich Bogatzky, 2003–2005 denkmalgerecht saniert) – die zentrale Baugruppe am

ehemaligen Marx-Engels-Platz – noch heute als sichtbares Zeichen für eine geglückte demokratische Ordnung gelten.[23]

Technisierung und Individualität

Auch einem weiteren Missverständnis gegenüber der Nachkriegsmoderne sei an dieser Stelle widersprochen: ihrer vermeintlich generellen Orts- und Geschichtslosigkeit. Die Auflösung überkommener städtebaulicher Strukturen, die Ausbildung autonomer Solitäre, bestenfalls „Bauskulpturen" von eigenem ästhetischen Wert, ging – trotz zahlreicher Beispiele für planerischen Übereifer – oft mit einem dialogischen Ansatz einher. Der konservative Wiederaufbau der fünfziger Jahre etwa sah in historisierender Paraphrase (Prinzipalmarkt in Münster, Innenstadt München) und Rekonstruktion (Goethehaus in Frankfurt am Main) legitime Möglichkeiten der Annäherung an die Geschichte, die auch nach der Durchsetzung modernistischer Leitbilder ein Thema blieb. Rudolf Schwarz inszenierte den Neuaufbau des Kölner Gürzenich (1955) als Parcours durch die Geschichte (Abb. 14). Sep Ruf blendete der monumentalen Sandsteinwand des Kasseler Bilka-Kaufhauses (1960) den klassizistischen Portikus

20. __ Einführend: Ingeborg Flagge und Wolfgang Jean Stock (Hrsg.): Architektur und Demokratie. Bauen für die Politik von der amerikanischen Revolution bis zur Gegenwart. 2. Auflage, Ostfildern 1996, sowie Heinrich Wefing: Parlamentsarchitektur. Zur Selbstdarstellung der Demokratie in ihren Bauten. Berlin 1995. Zu den aktuellen Publikationen, in denen das Verhältnis zwischen Bonner und Berliner Republik sowie DDR ausgelotet wird vgl.: Bundesministerium für Verkehr-, Bau- und Stadtentwicklung (Hrsg.): Bauten des Bundes 1990 – 2010. Eine Bilanz

des baukulturellen Engagements des Bundes im wiedervereinigten Deutschland. Ostfildern-Ruit 2009.
21. __ Auf diese Lesart der Bonner Bautätigkeit in den 1950er Jahren hat zuerst der Kunsthistoriker Joachim Petsch verwiesen: Restaurative Tendenzen in der Nachkriegsarchitektur der Bundesrepublik, in: Archithese, Heft. 2, 1972, S. 12–18. Zu Hans Freese etwa: Frank Schmitz: Ein Wohnhaus für Arno Breker. In: Dauer und Wechsel. Festschrift für Harold Hammer-Schenk zum 60. Geburtstag. Berlin 2004, S. 228–237.

16__Symbiotisches Verhältnis der Zeitschichten. Historisches Museum der Stadt Hannover. Entwurf:
Dieter Oesterlen, 1964–1967. Ansicht vom Leineufer mit Stadtmauer und Beginenturm und Eingangsfront
an der Stadtseite.

eines zerstörten Vorgängerbaus vor. Nach einem ähnlichen Prinzip hatte Ruf bereits die Münchner „Maxburg" wiederaufgebaut. (Abb. 15). Dieter Oesterlen schmiegte das Historische Museum der Stadt Hannover (1964–1967, 1991 umgebaut) an die Überreste der alten Stadtbefestigung (Abb. 16). Und Gottfried Böhm transformierte eine mittelalterliche Burganlage für das Rathaus von Bergisch-Gladbach-Bensberg (1964–1969), indem er sie um einen expressiven Bergfried aus Beton erweiterte.

Selbst dort, wo die Sozialisierung von Grund und Boden vollständige Neuplanung oder Überformung möglich gemacht hätte, lässt sich der Dialog mit dem Vorhandenen erkennen. Der Hallenser Thälmannplatz (1964–1971, heute: Riebeckplatz), war in vielerlei Hinsicht ein Gesamtkunstwerk der Nachkriegsmoderne, mit einer Kraft und Geschlossenheit, die im Westen nur selten derart konsequent verwirklicht werden konnte. Das zeigt sich im atemberaubenden Versprung der Dimensionen (Hochhäuser stehen Mietshäusern des 18. und 19. Jahrhunderts gegenüber), und in erheblichen typologischen Zäsu-

ren (das freie Arrangement der Scheibenbauten gegenüber festen Blockformationen). Gleichwohl nimmt dieser großdimensionierte Stadtraum der Nachkriegsmoderne die umliegenden älteren Strukturen auf, um sie auf einer eigenen Ebene neu zu interpretieren. Richard Paulick – der Generalplaner von Halle-Neustadt, der seine Sporen am Dessauer Bauhaus als Mitarbeiter von Walter Gropius verdient hatte – schuf mit dem Thälmannplatz den monumentalen Brückenkopf zwischen Alt- und Neustadt. Themen, Formen, Farben von Halle-Neustadt tauchen – natürlich am besten vom Auto aus erlebbar – als Leitmotive erstmals am Thälmannplatz auf, finden ein vielfaches Echo am anderen Ende der kolossalen Hochstraße, die Stadt und Metastadt verklammert. Trotz des hohen Abstraktionsniveaus und der grandiosen Abmessungen erreichte Paulick hier eine geradezu dialektische Prägnanz: der Technisierung von Leben, Stadt und Architektur wird Individualität abgerungen. Die Nachkriegsmoderne bekommt ein unverwechselbares Gesicht. Wer einmal im Leben Halle-Neustadt (Abb. 17) gesehen hat, kann die Quizfrage „Wo ist das?" sofort beantworten.

22. __ Hermann Henselmann: Antrittsvorlesung zur Eröffnung der Hochschule für Baukunst und bildende Künste in Weimar. In: Ders.: Gedanken, Ideen, Bauten, Projekte. Berlin 1978, S. 54–62. Hierzu auch: Elmar Kossel: Hermann Henselmann und die Modernerezeption in der frühen Sowjetischen Besatzungszone / DDR. Weimar und Berlin, zwei Versuche des

Wiederanknüpfens an die Moderne. In: Klaus-Jürgen Winkler (Hrsg.): Neubeginn. Die Weimarer Bauhochschule nach dem Zweiten Weltkrieg und Hermann Henselmann. Weimar 2005, S. 107–119.
23. __ Zum Problem ausführlich: Christian Welzbacher: Die Staatsarchitektur der Weimarer Republik. Berlin 2005, besonders S. 271–278.

17__Halle-Neustadt als Postkartenmotiv, Ende der 1960er Jahre.

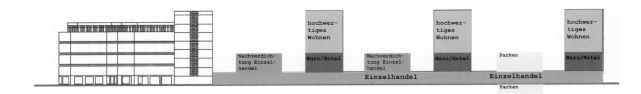

18__Projekt zur Umnutzung der Kammstruktur am Leipziger Brühl. Entwurf: Bernhard Tatter
und Christian Kuegler, 2006. Situation des Altbaus aus den 1960er Jahren vor dem Abriss.
Schnitt durch das Projekt. Entwurfsvorschlag für das Parkhaus.

19__Anschauungsmaterial zur „Archäologie der Nach-kriegsmoderne". Postkarte des Dokumentationsprojekts www.restmodern.de.

Die dritte Generation

„Wo ist das?" Mittlerweile hat sich eine ganze Generation aufgemacht, die Nachkriegsmoderne zu erkunden, ihre Qualitäten, Besonderheiten, Widerborstigkeiten zu entdecken. Der zeitliche Abstand zu den Planungen (und zu ihren Kritikern), und eine unbefangene Grundhaltung machen den frischen Blick möglich. Bei der beginnenden Neubewertung der Epoche ergänzen sich ernsthafte Forschung, unbändige Kreativität und lautstarker Protest gegen Abrisse wechselseitig. In Dresden etwa bildete sich eine Initiative zur Rettung des Kaufhauses „Centrum" (2007 abgerissen, vgl. S. 62), die gleichzeitig auf ihrer Internetseite die Bau- und Planungsgeschichte der gesamten Stadt dokumentiert.[24] In Leipzig versuchten die Architekten Bernhard Tatter und Christian Kuegler Behörden und Bürger vom Potenzial der Groß-struktur am Brühl (1963–1968, 2008 abgerissen) zu überzeugen. In einem eigenständigen Projekt verdeutlichten sie, wie die Wohnhochhäuser heutiger Nutzung hätten angepasst werden können. (Abb. 18) In Berlin entstand gleich eine Vielzahl von Projekten. Der Kurator Oliver Elser etwa unternahm gemeinsam mit dem Fotografen Andreas Muhs Streifzüge durch die gesamte Stadt, um die Überreste des nachkriegsmodernen Stadtumbaus im heutigen Zustand zu dokumen-

tieren.[25] (Abb. 19) Als Lehrbeauftragte der Berliner Universität der Künste erörterten die Dozenten Matthias Seidel und Thorsten Dame die Facetten der Nachkriegsmoderne mit ihren Studenten.[26] Der Designer Cornelius Mangold wiederum spielte mit Wiedererkennbarkeit und Uniformität von Großtafelbauten im Ostteil der Stadt und entwickelte das „Plattenbauquartett".[27] Kurz darauf thematisierte er den zwiespältigen Umgang mit den Hinterlassenschaften der DDR: ein Notiz-klotz, dessen Seiten die Fassade des „Palast der Republik" zeigen und den Mangold doppeldeutig „Abrissblock" nennt. (Abb. 20)

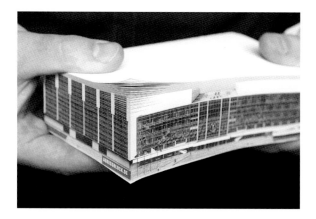

20__Zerstörung als Thema angewandter Kunst. www.abrissblock.de, ein Notizklotz des Berliner Grafik-designers Cornelius Mangold.

24. __ www.das-neue-dresden.de und www.centrum-warenhaus-dresden.de, sowie www.ostmodern.org. 2008 entstand zudem der Film „Was bleibt. Architektur der Nachkriegsmoderne in Dresden".

25. __ www.restmodern.de.

26. __ Hieraus entstand die Dokumentation www.laufwerk-b.de/wiederaufbau.

27. __ www.superclub.de.

21__Schimmelpfeng-Haus, Straßenüberbauung am Berliner
Breitscheidplatz. Entwurf: Franz Heinrich Sobotka und
Gustav Müller, 1957–1960. Im Sommer 2009 abgerissen.

22__Abrisskandidat. „Bierpinsel", Berlin.
Entwurf: Ralf Schüler und Ursulina
Schüler-Witte, 1972–1976.

Währenddessen schreitet die Zerstörung vieler
Bauten voran. In Marburg an der Lahn wird dem-
nächst die Universitätsbibliothek abgerissen, die
bei der Eröffnung 1967 noch als fortschrittlichster
Bibliotheksbau in Deutschland gefeiert worden
war. In Karlsruhe diskutiert man über den Umbau
der „Volksbank" (1953), einem Hauptwerk des
badischen Spätmodernisten Erich Schelling.[28]
In Frankfurt am Main ist das einst denkmalge-
schützte Zürich-Hochhaus (1960) gegenüber
der Alten Oper längst einem Neubau gewichen.
Der Abriss des Berliner Schimmelpfeng-Hauses
(1957–1960, Sobotka und Müller, Abb. 21) ist nun
vollzogen, das Kuriosum „Bierpinsel" (1972–1976,
Ralf Schüler und Ursulina Schüler-Witte, Abb. 22)
in Berlin-Steglitz steht leer und wartet auf neue
Nutzung, der Steglitzer „Kreisel" (1968, Sigrid
Kressmann-Zschach) harrt der Asbestanierung.
Gleichzeitig mehren sich die Zeichen für einen
Kurswechsel: immer mehr Bauten der 1950er,
1960er und 1970er Jahre werden erhalten, ein-
fühlsam saniert, neu genutzt. 2008 veröffentlichte
das Braunschweiger Architekturbüro KSP Engel
und Zimmermann ein programmatisches Buch
mit dem Titel „Transform", das die Erfahrungen
des „Weiterdenkens" vorhandener Bausubstanz
aus pragmatischer Sicht bündelt. Die Bilanz der
Autoren ist erstaunlich positiv: wo Investoren,
Architekten, Ingenieure, Techniker, Denkmalpfleger und Nutzer an einem Strang ziehen und den
Wert einer Immobilie erkennen, kann ein Bau der

Nachkriegsmoderne genauso „revitalisiert"
werden, wie jedes andere Gebäude.[29] (Abb. 23)
Angesichts jahrelanger Stigmatisierung wirkt eine
solche Erkenntnis fast wie der Beginn einer Revolution, deren Notwendigkeit längst offenkundig
erscheint. Denn Deutschland war – Deutschland
ist das Land der Nachkriegsmoderne: Nirgend-
wo auf der Welt wurde nach derart flächende-
ckender Zerstörung derart flächendeckend neu
geplant und gebaut. Gerade deswegen stehen
die Bauten und Projekte nicht nur synonym für
die Entwicklung von Architektur und Städtebau
zwischen 1945 und 1975. Sie sind gleichzeitig
der ästhetische Ausdruck politischer, sozialer
und wirtschaftlicher Zusammenhänge. Und sie
sprechen implizit von der Zeit vor ihrer Entstehung: Ohne faschistische Diktatur kein Krieg –
ohne Krieg keine Nachkriegsmoderne – ohne
Nachkriegsmoderne kein Neuanfang im Zeichen
zweier jeweils systemgebundener Demokratien.
Die „Nachkriegsmoderne" ist das Symbol einer
Ära der Kontinuitäten, Zäsuren und Widersprüche,
einer Ära, zu der wir bis heute ein zwiespältiges
Verhältnis unterhalten. So liegt die pathetische
Schlussthese geradezu auf der Hand: Solange
Deutschland mit seiner Geschichte nicht ins
Reine kommt, werden wir auch weiter mit der
Nachkriegsmoderne hadern. Ob am Ende noch
Bauten übrig sind, die Elend – und Glanz –
dieser Epoche erlebbar machen können, bleibt
abzuwarten.

28. __ Zur aktuellen Debatte vgl. die Beiträge von Enrico Santifaller, Arno Lederer und Max Bächer in den Heften 11, 13, 19
und 23 der Bauwelt 2009.

29. __ Enrico Santifaller, Jürgen Engel, Michael
Zimmermann: Transform. Zur Revitalisierung von Immobilien.
München, New York 2008.

23__Transformation der Nachkriegsmoderne. Konzernverwaltung „Dorma", Ennepetal, vor und nach dem Umbau
durch KSP Engel und Zimmermann 2004. Ein auskragendes
Tragwerk, das die Kronenform des Firmenlogos aufnimmt,
überfängt den Altbau von 1968 und dient als Aufhängung
für die klimatische Glashülle.

Christian Farenholtz

Maßstäbe
der Baukultur
Bericht
eines Zeitzeugen

01__Rathaus Rødovre. Entwurf: Arne Jacobsen, 1952–1956.

Ein Zeitzeuge berichtet. Das ist ein subjektiver Blick auf die Nachkriegsmoderne, ein Bericht der abhängig ist von der persönlichen Geschichte des Berichterstatters – es ist also mein Blick. Ein solcher Bericht über eine Vergangenheit, hier über die Zeit von 1955–1965, formuliert im Jahre 2008 ist, überdies – fast unvermeidbar – verfälscht. Ich biete keine wissenschaftliche Analyse, sondern persönlich Gefärbtes, denn ich bin nicht Wissenschaftler, sondern war immer Praktiker. Meinen Bericht teile ich in drei große Abschnitte.

Erstens: Wer ist der Berichtende? Die berufliche Vita.

Zweitens: Was waren die mir damals offenbar wichtigen Einflüsse und was waren – beispielhaft dargestellt – meine eigenen Beiträge.

Drittens: Welche nach wie vor gültigen Thesen leite ich daraus ab?

1. Meine berufliche Vita in Stichworten:

Ich bin verheiratet und habe fünf Kinder. 1923 in Magdeburg geboren, war ich 1933 zehn und 1945 bei Kriegsende zweiundzwanzig Jahre alt. Ich bin also in der Nazizeit erzogen worden. Mein Studium absolvierte ich nach dem Kriege an der Hochschule in Braunschweig bei den Professoren Friedrich Wilhelm Kraemer und Johannes Göderitz (Nebenbei: Wir hatten damals Lehmbau in der Ausbildung, aber nicht aus ökologischen Gründen, sondern weil es keine Steine gab.)

Der erste Job: Zwei Jahre Stadtplanung in Lübeck. Anschließend zwei Jahre Tätigkeit als Industriearchitekt in Goslar, dort plante ich Werkshallen, Werkswohnungen und ein Kesselhaus. Von 1954 an arbeitete ich zehn Jahre lang im Landesplanungsamt Hamburg, schließlich als stellvertretender Leiter des Amtes. Die fünfziger Jahre – das war die Zeit der Beseitigung der Wohnungsnot. Dieser Wohnungsbau der Nachkriegsmoderne ist die größte Leistung der jungen Bundesrepublik überhaupt. Hamburg baute damals jährlich ca. 25.000 Wohnungen, also Wohnungen für 75.000 Menschen.

1965 wurde ich in Stuttgart als politischer Beamter „Bürgermeister", also Stadtbaurat. Wir entwickelten dort unter anderem eine neue Form der freiwilligen Bodenordnung, um den ins Stocken geratenen sozialen Wohnungsbau wieder in Gang zu bringen. Für den Bundestag haben wir zur Vorbereitung der Gesetzgebung das „Planspiel Städtebauförderungsgesetz" veranstaltet.

Ab 1973, wieder in Hamburg, leitete ich das Forschungsinstitut GEWOS (Gesellschaft für Wohn- und Siedlungswesen). Danach habe ich schließlich an der neu gegründeten Technischen Universität Hamburg-Harburg den Studiengang Städtebau-Stadtplanung mit aufgebaut.

2. Was war (und ist) für mich modern?

Ein Definitionsversuch: Modern ist für mich das für morgen Wichtige, Richtige und Schöne heute! Einflussreich für mich als Architekt war Professor Kraemer. Das war eine Schule für klares, funktionales Denken. Einflussreich für mich als Stadtplaner war die Lehre von Professor Göderitz. Göderitz war ehemals Mitstreiter von Bruno Taut in Magdeburg und dort bis 1933 Stadtbaurat. Von den Nazis abgesetzt, ging er 1945 als Stadtbaurat nach Braunschweig und wurde Professor an der dortigen Technischen Hochschule. Göderitz führte uns, auch durch die Vermittlung historischer Fakten, in das eigentliche Stadtplanungs-Denken ein. Er gab uns Hinweise auf die Bedeutung des Bodenrechts, vor allem aber erläuterte er die großstädtischen Wohnverhältnisse der Zeit vor 1914. Sie waren für ihn der Auslöser der Wohnungsreformen und somit letztlich für die neuzeitliche Stadtplanung. Göderitz verwies dazu auf Rudolf Eberstadts „Handbuch des Wohnungswesens" aus dem Jahr 1909. Zur Beschreibung jener Zustände vor dem Ersten Weltkrieg zitiere ich hier keine Zahlen und keine Statistiken, sondern ein – allerdings wesentlich gekürztes – Gedicht, das alles sagt, was uns damals empörte und umtrieb:

„Die Städte aber wollen nur das Ihre
und reißen alles mit in ihren Lauf.
Wie hohles Holz zerbrechen sie die Tiere
und brauchen viele Völker brennend auf.
Und ihre Menschen dienen in Kulturen
und fallen tief aus Gleichgewicht und Maß, […]
Es ist, als ob ein Trug sie täglich äffte,
sie können gar nicht mehr sie selber sein;
das Geld wächst an, hat alle ihre Kräfte
und ist wie Ostwind groß, und sie sind klein […]

Und deine Armen leiden unter diesen
und sind von allem, was sie schauen, schwer
und glühen frierend wie in Fieberkrisen
und gehn, aus jeder Wohnung ausgewiesen,
wie fremde Tote in der Nacht umher; […]

Und gibt es einen Mund zu ihrem Schutze,
so mach ihn mündig und bewege ihn."
Rainer Maria Rilke, „Stundenbuch" (1903)

Göderitz bezeichnete – mit vollem Recht – das
Bodenrecht als entscheidende Grundlage der
Stadtentwicklung. Auch dazu ein historisches
Zitat: „Der erste, der ein Stück Land einzäunte
und sich vermaß zu sagen: das gehört mir, und
Leute fand, die einfältig genug waren, es zu glauben, war der wahre Gründer dieser bürgerlichen
Gesellschaft. Hütet euch, diesen Betrüger anzu-
hören!" Das formulierte Jean Jacques Rousseau,
fünfundzwanzig Jahre vor Beginn der Französi-
schen Revolution. Göderitz war Mitverfasser der
viel diskutierten Schrift „Die gegliederte und aufgelockerte Stadt". Er machte uns die Grundsätze
dieses bedeutenden Textes verständlich. Dieser
Ansatz wird heute – meist von Nichtlesern – ver-
kannt und zu Unrecht verdammt.

Als letzten einflussreichen Punkt möchte ich
erwähnen, dass Göderitz den Hamburger Ober-
baudirektor Fritz Schumacher (1869–1947, in
Hamburg von 1909 bis 1933 tätig) sehr verehrte.
Von Schumacher sei ein höchst bemerkenswer-
tes Zitat aus dem Jahre 1945 angeführt: „Wir kamen aus einer Zeit, deren Kulturzustand bemessen wurde nach der besten Leistung, die sie auf
dem Gebiet des Wohnwesens aufweisen konnte
[…] Wir gehen in eine Zeit, deren Kulturzustand
bemessen werden wird nach der schlechtesten
Wohnung, die sie entstehen lässt."

Neben Göderitz war für meinen Werdegang Dok-
tor Georg Münter prägend, der damalige Stadtbaurat in Lübeck. In Lübeck hatte ich meinen
ersten Job – Münter war mein erster Chef. Meine
Aufgabe im Planungsamt betraf die Planungen
beim Wiederaufbau der historischen Innenstadt
und für die Neubaugebiete am Stadtrand. Dazu
zwei Zahlen: Vorgeschrieben war damals ein
Autostellplatz für sechzehn Wohnungen. Mein
Monatseinkommen als Diplomingenieur betrug
fünfhundert D-Mark. Ich habe von Münter viel ge-
lernt. Unser Gesprächsthema war immer wieder
der Zusammenhang zwischen der Ökonomie
einer Stadt und ihrer Gestalt, die Veränderung der
Stadtgestalt durch ökonomische Prozesse. Münter war ein hochgebildeter Marxist – das machte für mich die Gespräche mit ihm besonders
spannend. Er schenkte mir – wohlgemerkt zehn
Jahre vor der Kulturrevolution – Mao Tse-Tungs
Buch „Reden an die Künstler". Münter ging später
in die DDR und wurde in Dresden Professor für
Architekturtheorie.

Reale Informationen, etwa aus dem Ausland,
die für meine damalige Arbeit wichtig waren, fand
ich hauptsächlich in den Fachzeitschriften. Einige
Namen und Objekte, die mir (noch heute) besonders wichtig in Erinnerung sind: Zunächst aus Dä-
nemark: Arne Jacobsens Siedlung Klampenborg
– vorbildlicher Wohnungsbau –, sein Rathaus
in Rødovre (Abb. 01) – schlackenlose Klarheit
der Architektur – und schließlich sein Holzstuhl
„Ameise" – als Sinnbild einfachen und schönen
Wohnens (auf diesen Stühlen saß auch meine
Familie um den großen Esstisch). Als Beispiel
aus den Niederlanden erwähne ich Jaap Bakemas
Planung für den Rotterdamer Alexanderpolder
(Abb. 02). Das war für mich ein Vorbild für eine
funktionsgerecht ausgewogene Wohnanlage.
Dann Beispiele aus Schweden: Das lebendige
Stadtquartier Vällingby der Architekten Back-
stroem & Reinius, besonders aber beschäftigte
mich die Planungsgeschichte für das Rathaus
Göteborg des genialen Architekten Gunnar
Asplund.

Für Deutschland nenne ich fünf Namen
und Objekte, von denen jedes für eine Vielzahl
anderer steht. Jedes für sich könnte Thema eines
eigenständigen Aufsatzes sein. Als positive
Leistungen bewunderte und bewundere ich das
Werk von Hans Scharoun, etwa seine Planung
für die Berliner Siemensstadt und den Entwurf
für die Berliner Philharmonie. Die Interbau Berlin
(Abb. 03) 1957 im Hansaviertel bot uns einen

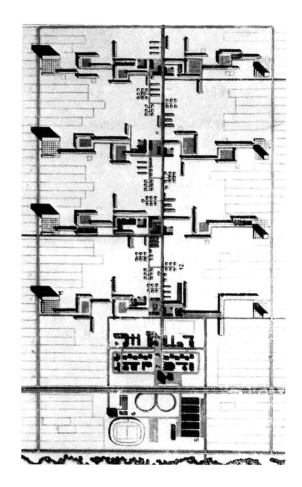

02__Städtebaulicher Rahmenplan für
die Entwicklung des Alexanderpolders, Rotterdam.
Entwurf: Jaap Bakema, 1956.

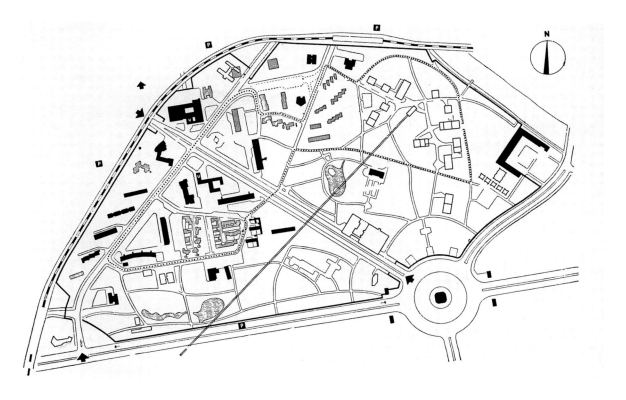

03__Hansaviertel Berlin. Internationale Bauausstellung
„Interbau 1957". Städtebaulicher Rahmenplan.

04__Wiederaufbau der Alten Pinakothek, München. Entwurf: Hans Döllgast, 1953–1957. Beim Wiederaufbau des teilzerstörten Gebäudes wurde die Grundstruktur wiederhergestellt, das Ausmaß der Zerstörung bleibt deutlich erkennbar.

anregenden Überblick über die Leistungen der Elite der internationalen Architekten: „moderner", also auch politischer Städtebau – ein eindrucksvolles Contra zur Ostberliner Stalinallee. Ich nenne besonders gern Hans Döllgast und seinen Entwurf für den Wiederaufbau der Alten Pinakothek in München (Abb. 04). Das war und ist für mich ein besonders schönes Beispiel für die ehrliche Rekonstruktion einer im Kriege schwer beschädigten Architektur. Als städtebauliche Lüge und als bekämpfenswerte Entscheidung galt mir, galt vielen von uns der Wiederaufbau des Prinzipalmarktes im westfälischen Münster und das Zentrum von Freudenstadt. Wir sahen beide Projekte als falsche Botschaft: „Lasst uns den Krieg vergessen."

Natürlich wollte auch ich selbst „modern" sein. Meine „Moderne", mein Begriff von moderner Baukultur war und ist die Utopie „Die soziale Stadt". Die soziale Stadt ist für mich aber nicht ein konkretes, irgendwie abgeschlossenes, zwei- oder drei-dimensionales Plan- oder Raumbild, wie es die historischen Utopisten uns überliefert haben, also nicht Thomas Morus' „Utopia", Tommaso Campanellas „Sonnenstaat", Robert Owens „New Lanark" oder das Familistère in Guise, auch nicht Tony Garnier und auch nicht Le Corbusier.

Für mich ist die soziale Stadt nicht ein festes Gebilde, sondern ein Ziel, auf das ich hinarbeite. Ich versuche, mit jedem Arbeitsschritt als Planer die Kriterien meiner Entscheidung im Blick auf dieses Ziel neu zu definieren. Das Soziale ist so eine – stets auch Kompromisse provozierende – Messlatte meiner Arbeit. Es ist eine generelle Maxime, die auf das als unerreichbar Erkannte, eben auf die Utopie „Soziale Stadt" zielt.

3. Fünf Thesen zu den Aufgaben von Baukultur

Erstens: Ich habe in Hamburg bei Werner Hebebrand gearbeitet. Hebebrand war nach 1930 mit Ernst May als Stadtplaner in Moskau. Unsere Diskussionsthemen waren die Offenheit im Team und das Gespräch mit dem Bürger.

These 1
Architekt und Stadtplaner gestalten mit dem Bauherrn, dem Investor, und dem Bürger gemeinsam ihre Stadt. Bauherr und Bürger müssen die Gestaltung verstehen und mittragen. Dies ist die Aufgabe von Baukultur.

Zweitens: Der Plan „neualtona" (Abb. 05). Werner Hebebrand und Ernst May, also die öffentliche Hand und das gewerkschaftseigene Unternehmen „Neue Heimat", konzipierten gemeinsam dieses Projekt, an dem ich maßgeblich mitarbeiten durfte. Es war eine selbstverständliche, fruchtbare Partnerschaft von Stadt und Investor, eine Form der Zusammenarbeit, die jüngst als „Public-Private-Partnership" (PPP) neu erfunden wurde. Hamburg, besonders unser Büro „neualtona", war damals ein gesuchtes Pilgerziel praktisch aller deutschen Studenten- und Planer-Exkursionen. Ein zentraler Grünraum – das sollte die Mitte des neuen Quartiers sein, Kommunikationsachse mit Schule und Kirche, für freies Treffen zu Gespräch und Aktion (Abb. 06). Wir betrachteten nicht das Ladenzentrum und den Konsum, sondern diesen besonders schönen und funktionstüchtigen Raum als Identifikationsort der Bürger unserer neuen, modernen Stadt. Das aber blieb Wunschtraum. Es war eine Illusion. Der Grünzug trennt heute, statt zu verbinden. Das ganze Konzept wurde überdies nicht dauerhaft begleitet, wie es bei jeder solchen Neuentwicklung erforderlich wäre. Es ist heute geradezu sträflich vernachlässigt.

These 2
Jedes Quartier, besonders aber jedes moderne neue Quartier, muss in seiner Entwicklung technisch, funktional, ökologisch und gestalterisch, auch investiv dauerhaft qualifiziert begleitet werden, sonst geht es vor die Hunde. Auch das ist Baukultur.

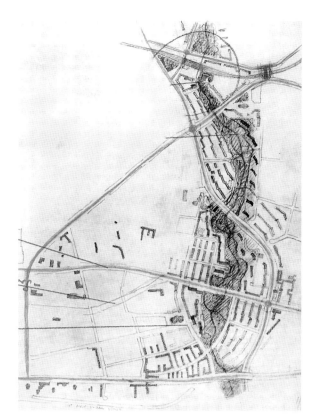

05__ Bebauungsplan für neualtona. Entwurfsskizze: Werner Hebebrand und Ernst May, 1955/56.

06__ Plan für neualtona mit dem zentralen Grünzug in Nord-Süd-Richtung, 1955/56.

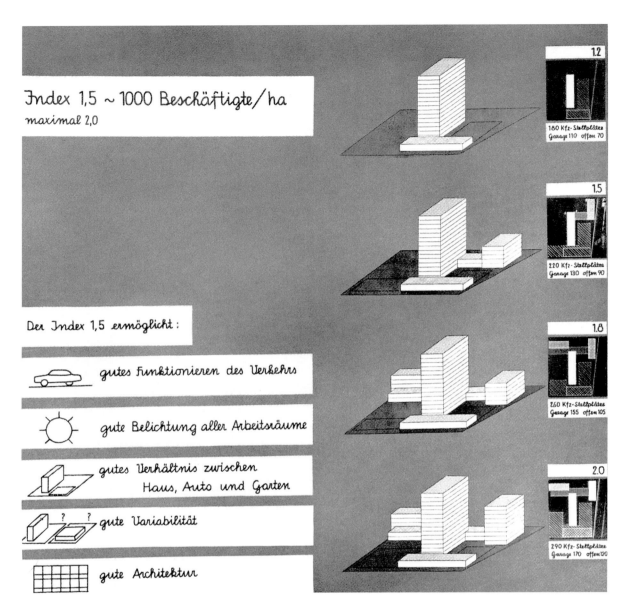

Index 1,5 ~ 1000 Beschäftigte/ha
maximal 2,0

12
180 Kfz-Stellplätze
Garage 110 offen 70

1,5
220 Kfz-Stellplätze
Garage 130 offen 90

Der Index 1,5 ermöglicht:

gutes Funktionieren des Verkehrs

gute Belichtung aller Arbeitsräume

gutes Verhältnis zwischen
Haus, Auto und Garten

? ? gute Variabilität

gute Architektur

1,8
260 Kfz-Stellplätze
Garage 155 offen 105

2,0
290 Kfz-Stellplätze
Garage 170 offen 120

07__Verhältnis von Bebauungs-und Besiedlungsdichte. Grafik Mitte der 1950er Jahre.

Drittens: Stichwort Baunutzungsverordnung. Ich war für das Land Hamburg an den Beratungen von Bundesregierung und Bundesrat in Bonn beteiligt, als es um Konzeption und Ausformulierung der Baunutzungsverordnung (BauNVO) ging. Mit der „GFZ", der „Geschossflächenzahl", sollte damals das Höchstmaß der Ausnutzbarkeit eines Grundstücks festgelegt werden (Abb. 07). An die Stelle des Streits über Nutzungsmaximierung sollte dadurch eine vom Nutzungsgeschacher unbelastete Diskussion über Gestaltqualität möglich werden. Sie steht der Bodenspekulation im Wege. Die BauNVO hatte somit ursprünglich eine bedeutende bodenrechtspolitische und eine

baukulturelle Funktion. Diese Funktionen hat sie heute praktisch eingebüßt, sie ist nurmehr plantechnisches Handwerkszeug.

These 3
Ein rechtliches Handwerkszeug, das qualifizierte Architektur erleichtert, ist notwendig. Die Arbeit mit diesem Handwerkszeug ist dann Aufgabe von Architekten und Planern, nur so können sie auch als Künstler gestalten. Die Politik definiere die generellen Vorgaben dieser Arbeit! Ein derartiges Verständnis der Aufgabenteilung zwischen Politik und Planung ist die Basis rationaler Baukultur.

08__Strukturmodell für die Bürostadt „City Nord", Hamburg, 1959–1960.

Viertens: Städtebau ist künstlerisches Gestalten. Zu meiner künstlerischen Vorstellung gehört beispielsweise der offene, nicht ein-fältige, sondern viel-fältige Raum. Als Gegensatzpaar aus der Baugeschichte sei die Piazza vor dem Petersdom in Rom mit der anschließenden Via della Conciliazione in ihrer extremen Axialität genannt, und das bewegte Ensemble in Pisa, das räumliche Zusammenspiel von Dom, Baptisterium, Campanile und Campo Santo.

Aus meiner eigenen Arbeit sei als Beispiel die Planung der City Nord in Hamburg benannt. Wir entwickelten zur Darstellung des städtebaulichen Konzeptes ein Strukturmodell (Abb. 08). Die tatsächliche Form der späteren Gebäude kannten wir ja noch nicht, so konnten wir nur versuchen, dieses ungewöhnliche Projekt plastisch-abstrakt darzustellen. Das Modell zeigt also nur Baumassen in einer ausgewogenen idealtypischen Verteilung – schön sollte unser Modell auch sein.

Hebebrand ließ mich unser Konzept bei der Zusammenkunft der CIAM (Congrès International d'Architecture Moderne) in Otterlo 1959 vorstellen. Für die internationalen Fachleute, die sich dort versammelten, versuchte ich den politischen Hintergrund unserer Arbeitsmethode deutlich zu machen. Bei meiner Präsentation stellte ich dazu als Bilder nebeneinander (Abb. 09): Das „Hochhaus als Stadt" – die totale Utopie des Architekten Frank Lloyd Wright, Manhattan als Bild einer fast absoluten Nutzungs- und Gestaltungsfreiheit im Hochkapitalismus; daneben die Planung des zentralen Platzes in Magdeburg – totale Planung von Stadt, von Bauten und letztlich von Menschen in der Diktatur. Dagegen stellte ich unser Konzept für den „administration park" der Hamburger City Nord: fixiert sind hier nur der öffentliche Raum (die Erschließung und das Grün) sowie die Art und das Maß der baulichen Nutzung. Bauherr und Architekt bestimmen selbstverantwortlich die optimale Lösung für Funktion und Gestalt ihres Hauses. Es bildet sich so ein eigenwillig neues, lebendiges Straßen-, Raum- und Stadt-Bild. Ich bin der Auffassung, dass wir hier eine wirklich moderne Planungsmethodik entwickelt haben, die auch heute noch Kriterien zur Lösung städtebaulicher Aufgaben liefern kann.

These 4

Der öffentliche Raum ist öffentliches Eigentum. Ungestalt – oft Ergebnis von Maximierung der Nutzung – ist ein enteignender Eingriff in dieses, unser Eigentum, ein Eingriff in unser Recht auf eine gestaltete Umwelt. Auch da beweist sich Baukultur.

09__CIAM-Präsentation in Otterlo 1959. Die Abbildung zeigt die Konfrontation unserer offenen Planung für die Hamburger „City Nord" mit Frank Lloyd Wrights Utopiestadt, mit Manhattan und mit der „totalen Planung" für Magdeburg.

10__Ossip Zadkine: Allegorische Skulptur zum Gedenken an das Bombardement von Rotterdam durch die deutsche Luftwaffe 1940: „Die zerstörte Stadt" („De verwoeste Stad"), 1951–1953.

Fünftens: Dichtung und bildende Kunst trugen meine Arbeit und die Arbeit vieler meiner Kollegen. Für uns hatte nicht nur das fachlich Gelernte Geltung, nicht nur Funktionalismus, nicht das Schielen auf Rendite und Gewinnmaximierung. Ich trage hier aus meiner Sicht Namen zusammen, die mir wichtig waren – natürlich würde jeder andere hier andere Beispiele nennen. Das Folgende ist also eine rein subjektive, keineswegs vollständige Auswahl:

Mich faszinierte Ossip Zadkines Skulptur „Die zerstörte Stadt" (1953) in Rotterdam: Aufschrei der Zerstörung (Abb. 10). Da war der Künstler und Freund Max Hermann Mahlmann, war der Holländer Theo van Doesburg: Konstruktion zur gestalteten Ordnung. Paul Klee: für mich ordnende Gestaltung der Phantasie. Und Oskar Schlemmer zeigt immer wieder Menschen und Tanz. Mit Paul Hindemiths Kinderoper „Wir bauen eine Stadt" haben wir – Jürgen Dahlhaus, Lothar Juckel, Uli Zech und ich – vor etwa 50 Jahren das Stadtgespräch „Städtebauseminar" initiiert (Abb. 11).

These 5
Baukultur ist und war auch in unserer Nachkriegsmoderne eben mehr als Architektur und Städtebau, mehr als „BBauG", „PPP", „Öko" und „Stadtmarketing".

Am Ende will ich alles von mir bisher Gesagte – mein Bemühen um Moderne, um Handwerkzeug, um Wissenschaft und Kunst – radikal relativieren. Ich zitiere zum Abschluss einen Satz aus Walter Benjamins 1928 erschienenem Buch „Einbahnstraße":

„Ein höchst verworrenes Quartier, ein Straßennetz, das jahrelang von mir gemieden wurde, ward mir mit einem Schlage übersichtlich, als eines Tages ein geliebter Mensch dort einzog. Es war als sei in seinem Fenster ein Scheinwerfer aufgestellt und zerlege die Gegend mit Lichtbüscheln."

Und bei Rosa Luxemburg heißt es: „Das Menschliche entscheidet".

So verstehe ich Baukultur.

gibst du mir Steine · geb ich dir Sand ·
holst du mir Wasser · rühr ich den Kalk ·
wir baun die Häuser · wir setzen Dächer drauf ·
wir bauen Strassen · wir baun die Strassenbahn ·
wenn wir uns alle helfen · steht unsere Stadt bald da ·

11_**Christian Farenholtz: Illustration zu Paul Hindemiths Kinderoper „Wir bauen eine Stadt".**

Im Gespräch mit Dieter Hoffmann-Axthelm

Die katastrophale Utopie
Planungswirtschaft und Sozialdogmatismus

01__Akademie der Künste, Hansaviertel, Berlin. Entwurf: Werner Düttmann, 1960. Garten.

Biografische Annäherung

*Sie haben Ihre Kindheit im Berlin der 1950er
Jahre verbracht – im Neubau oder im Altbau?*

Zunächst weit draußen im Bezirk Wannsee
in einem Bau der dreißiger Jahre, wo auch die
Atmosphäre der dreißiger Jahre herrschte. Von
daher weiß ich, wie „NS" riecht.

*Wie sind Sie mit der Nachkriegsmoderne in
Berührung gekommen?*

Im Wesentlichen im Berliner Hansaviertel. Meine
Eltern haben sich dort 1960 ein Haus gebaut. Das
war für mich zunächst eindeutig positiv besetzt.
Dass man keinen Regenschirm aufspannen
konnte, ohne dass ihn der Zugwind aus der Hand
wehte, habe ich einfach hingenommen.

*Haben Sie diese neuen Bauwerke in irgendeiner
Form begeistert, bewegt oder auch irritiert?*

Es gab wenige Highlights. Spannend war die
Akademie der Künste (Abb. 01 und 02), damals
so etwas wie meine zweite Heimat. Besonders
war die Staffelung der Baukörper gegeneinander:
Auf der einen Seite dieses „Märkische Bau-
ernhaus" des Veranstaltungssaals aus Back-
stein – auf der anderen Seite der Flachbau, fast
Mies-artig gedacht, aber zugleich entschieden
brutalistisch. Die Akademie gehört auf Dauer zu
den Gebäuden, die man gerne anschaut und die
funktionieren.

*Sie sind studierter Theologe. Wann begann Ihr
Bewusstsein für die Bedeutung von Architektur
und Städtebau?*

Ich habe in Tübingen und Marburg studiert.
Dann kam mein Jahr in Paris: das war für mich
die Erfahrung „Stadt" – das war ein Bruch, vor
allem die Erfahrung der politischen Stadt: das
XIIIième, das alte Paris, vor der Ausräumung unter
Chirac. Als ich wieder in Berlin war, fiel es mir wie
Schuppen von den Augen. Das Hansaviertel kam
mir plötzlich merkwürdig menschenleer vor, die
Planung des Viertels wirkte willkürlich – und das
Hansaviertel war für mich gestorben.

02__Akademie der Künste, Hansaviertel, Berlin.
Entwurf: Werner Düttmann, 1960. Gesamtaufnahme.

Wie haben Sie auf diese Erfahrung reagiert?

Ich bin nach Schöneberg in einen Altbau gezogen, später dann lebte ich in Neukölln. Als Vikar
hatte ich beruflich direkt mit den Leuten zu tun
und konnte viel über die Viertel erfahren, die damals kurz vor dem Absturz waren. Es gab intakte
soziale Strukturen, eine Einheit von Wohnen und
Arbeiten. Damals habe ich begriffen: Es kommt
nicht darauf an, wie schön, wie alt oder stattlich
etwas ist, sondern auf die Qualität „Stadt". Das
war bereits die Zeit, in der in Berlin das große
Abräumen anfing, Ende der 1960er Jahre.

*Haben Sie auch die Nachkriegsmoderne in west-
deutschen Städten kennengelernt?*

Selbstverständlich. Man kam gar nicht daran
vorbei, ob nun in Hamburg, Braunschweig oder
Hannover. Ein ganz anderes Beispiel: ich kam
1961 zum ersten Mal nach Crailsheim. (Abb. 03)
Das hat mich mächtig beeindruckt – wegen der
Leere. Was man hier sah, erkenne ich heute als
Grundproblem der 1950er-Jahre-Planungen. Da
stehen schmalbrüstige Bauten, die das Zentrum
einer ganzen alten Stadt füllen. Sie besitzen
weder die Präsenz, die es braucht, um Dichte zu
erzeugen, noch stehen sie so eng zusammen, wie
sie sollten. Das ließ die Verkehrsplanung gar nicht
zu. Kein Raum, keine Linie stimmt mehr, alles ist
bloß ungefähr. Diese anti-städtische Situation ist
für weite Teile Deutschlands typisch. Der Wohn-

03__Crailsheim. Kriegszerstörte Stadt und rekonstruiertes Zentrum
(oben), neues Verwaltungsgebäude anstelle des Schlosses (Mitte)
und Wiederaufbau des Marktes (unten).

raum musste schnell geschaffen werden – diese einfachen, gereihten Zeilenbauten mit Satteldach – und zwar nach einem immer gleichen Prinzip: zunächst die Enteignung des Grundstücks; dann die Verkehrsplanung, die die alten Blockstrukturen aufweitete. Schließlich wurde das Gelände von einer Wohnungsgesellschaft zwei-, dreistöckig zugebaut – immer unter der Prämisse des Verkehrs. Die Folgen dieser großflächigen Verkehrsplanung sind noch immer nicht bewältigt, weil man sich nicht traut, diese Trassen einfach zu erschlagen. Es gibt aber ein paar Ansätze dazu: in Ulm die Füllung der Neuen Straße (Abb. S. 102), oder in Frankfurt am Main, wo die Berliner Straße rückgebaut werden soll.

In der Nachbarstadt Offenbach ist die Berliner Straße – eine Schneise durch die Reste des Altstadtkerns (Abb. 04) – schon verengt. Aber nicht durch „Beibauen", sondern mit Blumenkästen, Parktaschen und Trottoirs, die sich jetzt zu öden Restflächen verbinden.

Oft lässt sich eine solche Situation planerisch gar nicht bewältigen. Wenn die Straßen so aufgeweitet sind, muss man im Zweifelsfall etwas in die Mitte stellen. Das Problem der Nachkriegsmoderne ist nur selten eine Frage der Architektur – vieles davon ist in der Regel nicht schlechter als das, was heute gebaut wird. Das Problem ist die Stadtplanung: es sind zu viele freie Ecken da, ungeregelte, unbenutzbare Abstandsflächen, die durch die Monofunktionalität – etwa der Wohnstädte – auch zu einem sozialen Problem geworden sind. Hier muss man nicht nur verdichten, sondern vor allem funktional ergänzen.

04__Offenbach am Main. Berliner Straße, Trennung der Verkehrsebenen und sogenannte „zweite Ebene", mittlerweile weitgehend abgerissenes Brückensystem über die Berliner Straße. Aufnahmen Ende der 1970er Jahre.

05__Mit oder gegen die Geschichte. Wohnsiedlung in einem Vorort von Frankfurt am Main.
Fotografie aus der Dokumentation www.restmodern.de.

Die Räume zwischen den Bauten waren als Kommunikationsflächen gedacht, in denen städtisches Leben entstehen sollte. Man hat sie später als „Abstandsgrün" bezeichnet.

Abstandsgrün ist Verwahrlosung. Gucken Sie sich an, was normalerweise geschieht. Entweder es wird „privatisiert" – jemand beansprucht diesen Bereich und hängt seine Wäsche auf – oder es vergammelt. Abstandsgrün ist unbrauchbar. Man kann es öffentlich nicht nutzen, es zwingt Sie, Wege zu gehen, die Sie nicht gehen wollen. Dieser Raum hat keinerlei Mitteilung an die Menschen ringsum. Er versammelt und beherbergt nichts. Er hat keinen gesellschaftlichen Nutzen.

Dickicht der Bürokratie

Eine Verdichtung würde bedeuten, Ensembles zu überformen. Wer erklärt sich dazu bereit?

Eine Trendumkehr gegenüber den Planungen der Nachkriegszeit ist bis heute weder bei Stadtplanern, noch bei Architekten zu finden. Die Baugesetzgebung lässt auch kaum Spielraum. Sie hat sich seit den 1960er Jahren nicht wesentlich verändert, sondern ist erweitert worden, wie immer neue Schichten bei einer Torte. Dass es keinen Mentalitätswechsel gibt, sehen Sie auch in der Verkehrspolitik, die weiterhin ausschließlich auf Optimierung ausgelegt ist.

Verstehe ich Sie richtig: die Nachkriegsmoderne lebt gleichsam als Idealvorstellung in der Köpfen der Planungsämter bis heute weiter?

Ja. Das ist so, wie wenn man nicht mehr an Gott glaubt, aber immer noch so viel Respekt davor hat, dass man nichts tut, was er einmal verboten hat. So verhalten sich die Stadtplaner heute.

Um im Bild zu bleiben: Würden Sie sich dann als Atheist oder Agnostiker bezeichnen?

Ich bin kein Atheist, ich bin Agnostiker. Das heißt: ich respektiere ein vergangenes Leitbild, aber ich sehe deutlich, dass es sich erledigt hat. Die Stadtplanung von heute muss sich mit der Wirklichkeit von heute auseinandersetzen. Das heißt für mich: Ertüchtigung der Stadt. Dazu muss man die Themen der Nachkriegszeit, etwa die Aufteilung der Stadt in Funktionsbereiche und den sozialen Wohnungsbau, grundsätzlich hinterfragen. Wenn Sie sich ein vorstädtisches Großtafelviertel wie Berlin-Marzahn anschauen, sehen Sie, wo der Trend hingeht: jede freie Fläche ist dort inzwischen mit Einfamilienhäusern zugebaut. Und die großen Kästen laufen leer, trotz großer Mühe, wie Bemalung oder Concierge. Alles Mögliche wird versucht, um die Leute zu halten. Aber das ist Unsinn. Man wird das Rennen auf die Dauer nicht gewinnen. Also muss man sich fragen: welche Umstrukturierung der Stadt – in ganz großem Maßstab – ist notwendig? Man muss auf die Planungsmoderne so grundsätzlich antworten, wie sie selbst gehandelt hat.

Wobei der Leerlauf nicht auf die Nachkriegsmoderne beschränkt bleibt oder ursächlich mit ihr zusammenhängt. In Leipzig laufen intakte Gründerzeitviertel leer, weil Eigenheime auf der grünen Wiese entstehen.

Es ist die Frage, was man politisch will. Die Gründerzeitviertel in Leipzig oder Halle sind vor 1990 von den Dissidenten hochgehalten worden. Wenn nach der Wiedervereinigung eine entschlossene Politik gefahren worden wäre, diese Viertel zu privilegieren … Aber da in Ostdeutschland die Macht in Händen der großen Wohnbaugesellschaften liegt, gegen die Sie keine Politik machen können, zumal sie mit bestimmten Linksparteien gut verdrahtet sind, ist Stadtplanung hier eine Art Wackelpolitik. Nach dem Motto: „Wir machen ein bisschen in Halle-Neustadt. Und wir machen ein bisschen in Halle-Altstadt." Dann geht, wie in Halle, beides den Bach hinunter, bis man beides abreißen kann.

Das klingt wie ein Kampf der Systeme. Als könnte das Alte nicht neben dem Neuen existieren. Als müsste man die Schicksale von Nachkriegsmoderne und Vormoderne verknüpfen und sagen: entweder – oder.

Das ist das Kernproblem, mit dem man sich auseinandersetzen muss: was ist eigentlich das Erbe der Moderne? Und da geht es vor allem um zwei Strukturmerkmale: das Verkehrssystem und die Siedlungen weit draußen. Hier wurde in den sechziger Jahren ein vollkommen unvorbereiteter Schritt gemacht: der Maßstabssprung. Obwohl die Wohnungsgrundrisse perfektioniert worden sind, gehen die Details in den enormen Vergrößerungen unter. Die Baumassen sind Herr über den Entwerfer geworden. Wir müssen heute die Misserfolge von damals in den Griff kriegen. Darüber sollte man offener diskutieren, als es heute der Fall ist.

Um diese Diskussion zu führen, ist die Bundesstiftung Baukultur eingerichtet worden. Sie hat die Nachkriegsmoderne auf ihre Agenda gesetzt.

Für mich ist das Thema „Baukultur" geschenkt. Architektur entwickelt sich von sich aus weiter. Architekten machen Irrtümer oder Glanzleistungen – da muss doch der Staat nicht die Hand darüber halten. Wichtig wäre, dass man die Gesellschaftskultur erörtert: welche Gesellschaft baut sich welche Form von Architektur? Und: wo wollen wir hingehen, welche Kursänderung brauchen wir dazu? Und das ist im Augenblick nicht diskutierbar.

Das heißt, man müsste Architektur – also auch die Nachkriegsmoderne – in erster Linie aus der sozialpolitischen Kritik heraus begreifen?

Selbstverständlich. Es hat damals in Deutschland ein neues Gesellschaftsbild geherrscht: das einer staatlich organisierten Massengesellschaft. Man glaubte, der Staat sei verpflichtet, die Vergesellschaftung aller Lebensbezüge vorzunehmen, die vorher in der Verantwortung der Individuen lag. Im Verwaltungsrecht nennt man das „Daseinsfürsorge", ein Begriff, den Ernst Forsthoff in den 1930er Jahren aufgebracht hat und der nach dem Krieg sehr wirkungsvoll durchgesetzt wurde. Wir wissen heute: ein Staat, der das auf sich

nimmt, überhebt sich. Um das zu erkennen, waren einige ökonomische Krisen nötig. Seit Mitte der 1970er Jahre ist der Staat aus dem sozialen Wohnungsbau ausgestiegen, weil er unter den eingegangenen Verpflichtungen litt, die zum Beispiel besagten, dass er über 30 Jahre Mieten subventionieren muss. Zunächst wurden die Förderwege ausgedünnt. Schließlich hat man den sozialen Wohnungsbau abgeschafft. Das war ein langer Prozess, der leider ausschließlich ökonomisch fundiert ist – nicht durch die Einsicht, dass sich die Gesellschaft geändert hat oder dass das Modell, Gesellschaft „von oben" zu organisieren, obsolet ist.

Das Primat der Ökonomie vor dem Bewusstsein zeigt sich auch beim Umgang mit der Eigenheimzulage. Man hat sie abgeschafft – aber nicht, um Zersiedlung und „urban sprawl" einzudämmen, sondern einzig und allein…

… aus fiskalischen Gründen …

… genau. Geht es der Politik also um Planungskultur oder Geld?

Es wird ja über die gesellschaftlichen, ökonomischen, auch ökologischen Notwendigkeiten nicht mehr geredet, sondern der Siedlungs- und Autobahnbau einfach weiter betrieben. Die Politik ist hier in wirtschaftlichen Zwängen gefangen: der Tiefbau und die Automobilindustrie werden unterstützt, hier gibt es eine starke Lobby. Dahinter stehen, was ich demoralisierend finde, riesige Bürokratien, deren Denken auf dem Stand der 1970er Jahre ist. Der Schulterschluss zwischen Bürokratie und Industrie, die das „Weitermachen wie bisher" mit Arbeitsplätzen verteidigen, verhindert das gesellschaftlich notwendige Umdenken auch in der Stadtplanung. Der Kontakt dazu, wie die Gesellschaft wirklich lebt, ist hier vollkommen verloren gegangen. Dabei können Sie es in den Großstädten, den Labors der gesellschaftlichen Veränderung, genau studieren: das Leben hat sich in den Stadtzentren wieder verzahnt, hier ist die Wertschöpfung unglaublich angestiegen, vor allem durch die Dienstleistungen. Die Stadtplanungsmodelle, die in Deutschland nach wie vor gefahren werden, sind dagegen geradezu archaisch.

Die katastrophale Utopie   43

06__Mit oder gegen die Geschichte. Paul Schwebes und Hans Schoszberger:
Entwurf für ein Geschäftshaus Knesebeckstraße/Kurfürstendamm Berlin.
Undatierte Montage, späte 1950er Jahre.

07__Mit oder gegen Geschichte. Brandwandbebauung an der Lietzenburger Straße, Berlin, frühe 1960er Jahre. Aufnahme aus der Dokumentation „Nachkriegsmoderne in Berlin".[1]

1. __ Christian Farenholtz erläuterte auf der Veranstaltung der Bundesstiftung Baukultur in Hannover Ende 2008 das hier gezeigte Paradigma der Nachkriegsmoderne: „Mein erster Auftrag im Planungsamt in Hamburg war, dass der Amtsleiter kam und sagte: ‚Farenholtz, haben Sie eine Kamera?' Ich hatte eine. ‚Dann stelle ich ihnen den Dienstwagen des Landesplanungsamtes zur Verfügung.' Ein VW-Käfer. ‚Fahren Sie durch die Stadt und fotografieren Sie Anbauten an Brandgiebel.' Das waren die fünf-, sechsgeschossigen Häuser aus der Kaiserzeit, mit mehr als drei Metern Geschosshöhe, die stehen geblieben waren – da wurde nun viergeschossig, mit niedriger Geschosshöhe, gegen gebaut. Sieht absurd aus! Und wir fanden es vollkommen richtig. Es gab nämlich keinen Fahrstuhl, es gab keine Zentralheizung. Die Leute mussten alles, Kartoffeln und Kohlen, selber raufschleppen – fünf Geschosse hoch. Wir fanden nicht gut, das den Leuten aus ästhetischen Gründen zuzumuten."

Aber liegt nicht jeder Art von Planung, ob nun Stadt-, Wirtschafts- oder Sozialplanung, ein Modell auf der Basis von Idealen und Prognosen zugrunde, ähnlich, wie schon vor 50 Jahren? Die Bauausstellungen hießen damals programmatisch „Die Stadt von morgen", um zu dokumentieren, dass die Planer ein zukunftsträchtiges Modell gefunden haben. Gleiches galt für die Verkehrsplanung. Sie war auf vernünftiges Wachstum angelegt. Den Wahnsinn, dass in Deutschland auf zwei Menschen ein Auto kommt, konnte niemand ahnen.

Man muss wirklich unterscheiden: was meint man mit Planung und was erwartet man davon? Das Problem der „Planungsmoderne" und der mit ihr verknüpften Politik liegt in der sozialen Dimension. Man wollte Gesellschaft „schaffen". Wir wissen heute, dass dies ein hoffnungsloser Ansatz ist. Ein Planer, der sich einbildet, durch Straßen- und Siedlungsbau Gesellschaft zu schaffen, kann viel kaputt machen. Aber er wird nie die Gesellschaft auf Wege bringen, die sie nicht gehen will.

Die Konsequenz ist das Ende der planbaren Welt?

Ich weigere mich, auf den Begriff „Planung" zu verzichten. Seit ich auf diesem Gebiet arbeite, denke ich darüber nach, wie Planung auf eine nicht-autoritäre Art und Weise passieren kann. Dabei habe ich zum Beispiel festgestellt, dass Basisdemokratie in der Planung nicht funktioniert. Sie können aber die Struktur von Planung unterschiedlich angehen, beispielsweise, indem Sie Räume in der Stadt „beschreiben", ohne dass Sie dabei vorschreiben, wie dort etwas passiert. Auch das „Planwerk Innenstadt Berlin" ist da für mich noch zu autoritär, weil es schon Architektur suggeriert. Das hätte ich gern vermieden, denn ich glaube nicht, dass Planer ein Stadtgebiet ästhetisch „formieren" können.

Kreativer Freiraum

Sie sagen, neues städtisches Leben bildet sich im dichten Gefüge der Stadt. Interessant ist, dass es dabei auch zur Wiederaneignung der Nachkriegsmoderne kommt. Ein Beispiel aus Berlin, das Sie sicher kennen: das „Haus des Lehrers" am Alexanderplatz, das von einer Gruppe von selbsterklärten „Urbaniten", Freiberuflern und Dienstleistern, für ein enges Miteinander des Arbeitens genutzt wurde. Für diese Menschen zwischen 30 und 40, die nach der Sanierung 2004 zum Teil ins gegenüberliegende „Haus des Reisens" gezogen sind, war das Flair der 1960er Jahre und die Flexibilität der Architektur aus Stahl, Glas und Beton genau das, was sie suchten.

Es gibt immer einzelne Objekte, wo Sie das finden. Stahlbetonbauten sind eben flexibler als Plattenbauten. Schauen Sie mal in das Viertel gleich hinter dem „Haus des Lehrers", den zweiten Bauabschnitt der Karl-Marx-Allee. Eine ganz andere Situation. Hier haben Sie es mit einer monotonen Struktur aus Großtafeln zu tun. Die sind unflexibel. Dieses ganze Stadtgebiet hat sich in den zwanzig Jahren seit der Wende nicht verändert. Man muss also jeweils prüfen, ob eine Struktur zukunftsträchtig ist.

Würden Sie sagen, man muss die Nachkriegsmoderne domestizieren, sie im Nachhinein in ihre Schranken verweisen, korrigieren?

Ich bin da frei von Hass. Was Sie korrigieren müssen, ist die Verblendetheit der damaligen Planer. Es geht um die Frage, was sich heute noch integrieren lässt und was nicht. Einzelne Gebäude lassen sich sicher immer integrieren: indem man sie umbaut oder ergänzt. Aber das Verkehrssystem oder das Siedlungsmodell der Nachkriegsmoderne sicher nicht. Das wollten wir mit dem „Planwerk Innenstadt Berlin" zeigen.

08__Heimat Moderne. Siedlungsbau in Berlin-Lichterfelde, späte 1950er Jahre.
Aufnahme aus der Dokumentation www.restmodern.de.

Ich erinnere mich gut an die Kritik gegenüber der Rigidität, mit der das Planwerk städtebaulichen Ensembles der Nachkriegsmoderne gegenübertrat. Ein Beispiel, das heftig gescholten wurde: auf der Berliner Fischerinsel, ein Wohnensemble aus Punkthochhäusern aus den sechziger Jahren, ist vor acht Jahren das „Ahornblatt" (Abb. 09) abgerissen worden...

Ja.

Jetzt steht an der Stelle ein geschlossener Block nach den Vorgaben des Planwerks. (Abb. 10)

Was da steht, entspricht nicht den Vorgaben des Planwerks. Wir hatten ein Szenario gemacht, wie das „Ahornblatt" stehen bleiben kann. Der Investor wollte es integrieren und daneben ein Hochhaus bauen. Aber der Bezirk Mitte war dagegen – damit war das „Ahornblatt" weg. Der Block, der anstelle des Hochhauses geplant wurde, musste gegenüber dem im Planwerk festgesetzten Volumen erweitert werden, um die gleiche Geschossfläche unterzubringen. Damit hat man auch noch dem Planwerk eins ausgewischt. Wir wollten an dieser Stelle die historische Petristraße wiedergewinnen.

Unter ähnlichen politischen Winkelzügen hatte auch die Nachkriegsmoderne zu leiden. Auch damals wurden Ideen kleingerechnet, sie blieben in der Ausführung stecken, wurden zur Unkenntlichkeit verändert. Nach 60 Jahren Wiederaufbau sind unsere Städte chaotisch und unfertig. Hier eine Brache als Parkplatz, dort ein einsames Hochhaus, daneben eine aufgestockte Mietskaserne, hinter der die Autobahn vorbeifließt, die in eine Verkehrsberuhigung übergeht. Sind das die Folgen von Planung im Zeichen der Demokratie?

Aber das ist doch nicht demokratisch! Im Gegenteil. Es gab in den Jahrzehnten nach Kriegsende keine demokratischen Verfahren in der Planung. Und die autoritären Methoden der Politik waren genau das, was die autoritären Planer der Moderne brauchten, um ihr Weltbild durchzusetzen. „Offiziell" lief alles im Rahmen einer repräsentativen Demokratie ab – war also legitim. Aber es war nicht ganz grundlos, wenn wir 1968 den Staat als undemokratisch empfanden. Die Demokratisierung der Westrepublik ist erst durch „Achtundsechzig" vorangekommen.

Wenn ich versuche, diese Demokratisierung im „Planwerk Innenstadt" dingfest zu machen, sehe ich auf der Fischerinsel einen Pseudoblock, der im großmaßstäblichen Kontext verloren geht und der vorhandenen Struktur widerspricht. Hier reiben sich die Ideologien: die Nachkriegsmoderne und das, was auf sie folgte. Das tut weder der Stadt gut, noch ist es ein Zeichen von Aufbruch.

Nein. Aber wie hätten wir das ändern sollen? Was da heute steht, war nicht der Wille des Planwerks. Es ist ein typischer Kompromiss, der niemanden zufrieden stellt.

09__Restaurant und Dienstleistungszentrum „Ahornblatt" auf der Fischerinsel, Berlin. Entwurf: Ulrich Müther und Kollektiv, 1971. Zeitgenössische Aufnahme. Den Bauarbeitern des Palast der Republik diente der Schalenbau als Betriebskantine.

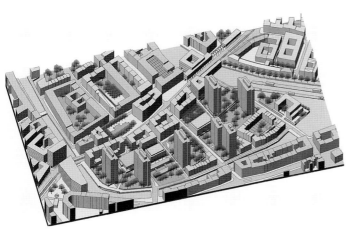

10__Vorschlag zur städtebaulichen Neuordnung der Fischerinsel, Berlin: Verengung der Straßenfluchten, blockartige Umfassung der Punkthochhäuser, Orientierung am „historischen Stadtgrundriss", Brückenkollonaden. „Planwerk Innenstadt Berlin", Stand 1999, Detail. Mitverfasser: Dieter Hoffmann-Axthelm.

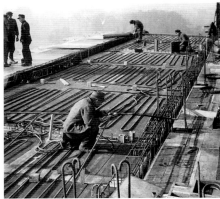

11__Industrialisierung im Bauwesen. Errichtung des Paracelsus-Krankenhaus, Marl.
Entwurf: Werner Hebebrand. Fertigstellung: 1963.

Modernekritik
und Stadtbewusstsein

*Ich würde gern noch einmal zurückblicken in
die Zeit, als Sie begonnen haben, sich mit Stadt
auseinanderzusetzen. Ihr Buch über die Baugeschichte des Mehringplatzes in Berlin-Kreuz-
berg, trägt den markanten Titel „Das abreißbare
Klassenbewusstsein". Es ist 1975 erschienen,
als die Kritik an der Nachkriegsmoderne bereits
kanonisch geworden war.*

Im Gegenteil. Die Kritik der Moderne setzte ja
erst in den siebziger Jahren ganz vorsichtig ein.
Das war die Zeit, in der Aldo Rossis Buch „Die
Architektur der Stadt" übersetzt wurde, dann kam
Robert Venturis Buch „Learning from Las Vegas".

*Es gab auch „The death and life of great American
cities" von Jane Jacobs und Wolf Jobst Siedlers
„Die gemordete Stadt", beide zu Beginn der sechziger Jahre erschienen.*

Siedlers Buch war ein richtiges Signal – als Kritik
an der planerischen Moderne. Das leisten die
anderen Bücher nicht. Nicht Rossi und Venturi,
auch nicht Hans Paul Bahrdt oder Alexander
Mitscherlich. Wenn Sie Mitscherlich heute lesen,
werden Sie sehen, dass es sich nicht um eine
fundierte Kritik der Moderne handelt, sondern
um Beschreibungen eines Unbehagens. Davon
abgesehen steht „Das abreißbare Klassen-

bewusstsein" in diesem damaligen Trend einer
wachsenden Kritik an der Moderne. Aber das
Buch war eine der wenigen Schriften von damals,
die wirklich gesagt haben: „So geht es nicht."

*Wenn ich recht sehe, kritisierten Sie eine „kapita-
listische" Praxis: die Transformation der Stadt
durch Investoren. War das die Auffassung?*

Wir haben uns als „links" definiert, insofern
gehörte Kapitalismuskritik selbstverständlich
dazu. Aber mir war klar, dass Ähnliches im Osten
auch passierte. So stellte sich eher die Frage
nach der Machtstruktur, die es erlaubte, Stadtteile auszuradieren und neu zu bauen. Und dann
war noch die Frage, in wessen Interesse die
Planungsmoderne handelte.

*Die Architekturgeschichte hatte den damaligen
Prozess vorbereitet. Einmal durch das Selbstbild
des modernen Architekten als autonome Künst-
lerpersönlichkeit – Bruno Tauts „Weltbaumeister".
Dann durch die Kriegszerstörungen und die tabula
rasa der Enttrümmerung, die dem „Weltbaumeister" die reale Möglichkeit gab, die Welt neu zu
bauen.*

Man brauchte gar nicht die deutsche Kriegs-
erfahrung. In England oder Skandinavien ist
Ähnliches passiert. In Stockholm wurde die halbe
Stadt abgerissen. Man kann sicher sagen: die
Architekten mit ihrer Überheblichkeit und ihren
Genievorstellungen haben zu dem beigetragen,

12__Nachkriegsmoderne als Identifikationsobjekt.
Aufnahmen aus dem „Plattenbauquartett" des Berliner Grafikdesigners Cornelius Mangold.

wie die Planung seit 1945 verlaufen ist. Was passierte, war ja kolossal: man hat einen kontinuierlichen Erfahrungsprozess, der von den alten Babyloniern bis ins 20. Jahrhundert reichte, einfach abgebrochen und die gesamte vergangene Stadtentwicklung für falsch erklärt. Es liegt ja etwas Ungeheuerliches darin, diesen Schnitt zu machen und zu behaupten, man habe die Einsicht und die Vernunft, eine bessere Welt zu bauen. Aber genau das war die Ermächtigung von Planungsstaatlichkeit.

Aber ist für Deutschland nicht zumindest der politische Bruch von 1945/1949 wichtig: der Versuch, eine stabile Demokratie zu etablieren und die bürgerliche Gesellschaft zu restaurieren?

Die Kontinuität zwischen der NS-Zeit und Bundesrepublik scheint mir ausgeprägter als der Bruch. Vor und nach 1945 haben Verwaltungen und Justiz mit den gleichen Leuten weitergearbeitet. Für die Stadtplanung haben das Werner Durth und Niels Gutschow belegt. Überhaupt beruhen die Strukturen der frühen Bundesrepublik auf Vorstellungen staatlicher Zentrierung, die in den zwanziger Jahren entwickelt, aber erst von den Nazis durchgesetzt worden sind. Die Nachkriegsmoderne ist in West wie Ost nur zu begreifen, wenn man die Normierung und die Zentralisierung des Bauwesens in den 1930er und 1940er Jahren sieht – also die Vorbereitung für eine zentral gelenkte, staatliche Bauwirtschaft.

Nachkriegsmoderne und Denkmalschutz

Im Jahr 2000 haben Sie für die Bundestagsfraktion von Bündnis 90/Die Grünen ein Gutachten über Aufgaben und Bedeutung der Denkmalpflege erstellt. Kritiker warfen Ihnen Zynismus vor. Anstoß erregte etwa, dass Sie „Schönheit" als Argument für die Erhaltung von Bauten einführen wollten.

Man muss dem Steuerzahler doch wohl erklären können, warum er mit seinem Geld für ein Gebäude aufkommen soll. Und allzu vieles von dem, was die Denkmalpflege tut, ist eben nicht mehr vermittelbar. Wenn man etwa einen an sich eigenschaftslosen Bau schützt, nur weil die Konstruktion in ihrer Zeit eine spezielle war.

13__Nachkriegsmoderne als Identifikationsobjekt.
Blechspardose aus den 1950er Jahren in Form des Hochhauses der Berliner Bank an der Hardenbergstraße, Berlin. Entwurf: Gerhard Siegmann, 1951–1954.
Das Gebäude selbst ist mittlerweile stark verändert.

14__Bauskulpturen wie Gebirge. Autobahnüberbauung an der Schlangenbader Straße in Berlin.
Entwurf: Georg Heinrichs, 1972–1982. Aufnahme aus der Dokumentation www.restmodern.de.

Kritisiert wurde an Ihrem Gutachten auch die Einführung einer zeitlichen Grenze für die Unterschutzstellung von Bauten. Sie sollte um das Jahr 1840 liegen, weil danach eine industrialisierte, moderne Architekturproduktion eingesetzt habe.

Das ist Unsinn. Ich habe geschrieben, dass um 1840 eine Scheidelinie anzusetzen ist: zu dieser Zeit beginnt die Industrialisierung des Bauwesens, der Einsatz industrieller Materialien, Stahl vor allem, Halbzeuge, die nach dreißig Jahren keiner mehr produziert. Das verändert die Möglichkeiten der Erhaltung.

Bauwerke der Nachkriegsmoderne genießen mittlerweile Denkmalschutz. Widerspricht das Ihren Argumenten?

Keineswegs. Sie müssen sich nur den erheblichen Problemen stellen, die das in der denkmalpflegerischen Praxis mit sich bringt. Außerdem müssen sie sich damit auseinandersetzen, dass die Toleranz in der Gesellschaft für die Moderne wesentlich geringer ist, als gegenüber älteren Bauten. Wenn Sie mit normalen Menschen über Architektur reden, sehen Sie schnell, dass die Nachkriegsmoderne nur schwer vermittelbar ist.

Das hat viele Gründe. Vor allem ist es wohl die Verweigerung von Mitteilung, Sprachlichkeit, Zugänglichkeit. Denken Sie an die Rasterfassaden der sechziger Jahre, oder spiegelnde Hochhäuser. Die handwerklich gebaute Architektur gibt der Wahrnehmung und Einfühlung etwas, was seit der Moderne fehlt. Dass das Bedürfnis nach der Rekonstruktion von alten Fassaden, Schlössern und Kirchen so groß ist, hat hier seine Ursache.

Als in Berlin 1980 die Kongresshalle von 1957 zusammengestürzt ist, das heutige „Haus der Kulturen der Welt", gab es auch eine emotionale Initiative für den Wiederaufbau des Bauwerks.

Das war etwas anderes. Da haben die Politiker gesagt, der Bau sei ein Zeichen für die Völkerverständigung und die Freundschaft zu den amerikanischen Alliierten, deswegen muss er wiederaufgebaut werden. Wenn es im alten West-Berlin eine wirkliche Bürgerbewegung für Architektur gegeben hat, dann war es die für die Erhaltung des Turms der Gedächtniskirche, gegen die Pläne von Eiermann.

Hat nicht auch die Stadtplanung der Nachkriegsmoderne versucht, nach der Masse zu hören, die Bedürfnisse der Masse zu befriedigen, die bis dahin nur das Leben im Altbau, der „Mietskaserne" kannte?

Das sehe ich anders. Nehmen Sie die Sanierungspolitik und den Bau der Trabantenstädte. Die Leute wurden nicht gefragt, wie und wo sie wohnen wollen, sondern mit einer gewaltigen Propaganda von der Menschenunwürdigkeit der alten Stadt und der angeblichen Mietskasernen überzogen und mit fertigen Plänen konfrontiert. Und der treibende Grund war, die Bauwirtschaft nach dem Ende des Wiederaufbaus auf Trab zu halten und Arbeitskräfte für die Industrie freizusetzen. Nur so ist die Planungsmoderne auch logisch: Industrialisierung der Architektur, Dominanz der Bauwirtschaft und staatliche Konjunkturplanung. Das war die Trinität in Bau und Städtebau der Nachkriegsmoderne.

Das Gespräch mit Dieter Hoffmann-Axthelm führte Christian Welzbacher am 13. März 2009 in Berlin-Mitte.

Jürgen Tietz

Gehasst, geliebt, geschützt

Denkmalschutz und Nachkriegsmoderne

01 __ Blick in den großen Saal im mittlerweile abgerissenen Haus der Kaufleute, Berlin.
Entwurf: Paul Schwebes und Hans Schoszberger, 1953.

Beim Anblick von in die Jahre gekommenem Sichtbeton, von Glasfassaden oder Fertigelementen aus Aluminium stellt sich manchem Betrachter die Frage: Das soll ein Denkmal sein? Bisher ist nur ein kleiner Teil der Öffentlichkeit bereit, auch jenen Bauten den hohen Status eines Denkmals zuzuerkennen, die nach 1945 entstanden sind. Dabei gilt: je dichter das Fertigstellungsdatum eines Gebäudes an die Gegenwart rückt, als umso weniger denkmalwürdig wird es häufig eingeschätzt. Eine Haltung, von der sich angesichts von Burgen, Schlössern und Kathedralen auch manch amtlicher Denkmalschützer nur schwer frei machen kann.

Generell gelten für Bauten der Nachkriegsmoderne die gleichen Bedingungen wie für alle anderen Denkmale. Sie können – entsprechend den Bestimmungen der Denkmalschutzgesetze der Bundesländer – aufgrund ihrer geschichtlichen, künstlerischen, wissenschaftlichen oder politischen Bedeutung unter Schutz gestellt werden. Dabei sollten sie einer bereits abgeschlossenen historischen Epoche zuzuordnen sein. Der zeitliche Abstand von einer Generation – also von rund 30 Jahren – soll helfen, um aus der Masse der gebauten Umwelt jene Projekte herauszufiltern, die denkmalwert sind. Bisher bilden die Bauten der Nachkriegsmoderne freilich nur eine vergleichsweise kleine Gruppe in den Denkmallisten der Bundesländer, obwohl sie angesichts der Wiederaufbauleistung nach 1945 und des damit einhergehenden Modernisierungsschubs einen gewaltigen Anteil an der Bebauung in der Bundesrepublik ausmachen.

Denkmalschutz für die Moderne

Der Umgang mit der Nachkriegsmoderne ist in Deutschland nicht von der Behandlung des baulichen Erbes des 20. Jahrhunderts insgesamt zu trennen. So hat die Denkmalpflege die Klassische Moderne der 1920er Jahre erst mit dem gehörigen Abstand eines halben Jahrhunderts als wichtiges Thema für sich entdeckt. Exemplarisch für diese Annäherung steht die Siedlung „Onkel Tom" von Bruno Taut in Berlin-Zehlendorf, deren Erforschung und denkmalgerechte Restaurierung durch Helge Pitz und Winfried Brenne in Zusammenarbeit mit dem Berliner Denkmalamt Ende der 1970er Jahre noch heute einen Meilenstein darstellt.[1] Ihr folgte eine intensive Auseinandersetzung mit den Siedlungen der 1920er Jahre in Berlin überhaupt,[2] die in der Aufnahme von acht Berliner Siedlungen in die Welterbeliste 2008 gipfelte, auf der das 20. Jahrhundert ansonsten deutlich unterrepräsentiert ist.[3] Seltsamerweise wurde dabei ausgerechnet die Onkel-Tom-Siedlung nicht berücksichtigt. Angesichts der atemberaubenden Erfolgsgeschichte der Berliner Siedlungen, die innerhalb von dreißig Jahren vom Sanierungsfall zur Welterbestätte aufgestiegen sind, stellt sich die Frage, ob eine ähnliche Entwicklung auch für Bauten der Nachkriegsmoderne denkbar ist.

Zu Beginn der 1980er Jahre erweiterte sich jedenfalls das architekturgeschichtliche und denkmalpflegerische Interesse auf die erste Phase der Nachkriegsmoderne mit der Architektur des Wiederaufbaus. Unterstützt wurde diese Entwicklung gleich durch mehrere Faktoren: so hatte sich das Europäische Denkmalschutzjahr 1975 als ein wichtiger Motor für die flächendeckende Einführung von Denkmalschutzgesetzen in den deutschen Bundesländern erwiesen, aber auch für die Wahrnehmung und Erschließung neuer Denkmalgruppen, zu denen die Bauten der Industrie- und Technikgeschichte ebenso gehören wie die der Moderne. Noch zu Beginn der 1980er Jahre galt jedoch: „An der Ästhetik der fünfziger Jahre beginnen sich die Geister zu scheiden."[4] Dabei erwies sich die Wiederentdeckung der fünfziger Jahre, die Paul Maenz bereits 1978 mit seinem Buch über die „Formen eines Jahrzehnts" eingeläutet hatte, keineswegs als reine Fachdebatte.[5] Denn ohne eine Rückbesinnung der Enkelgeneration auf die Zeit des Wirtschaftswunders wären wohl Phänomene wie die Neue Deutsche Welle ebenso wenig denkbar gewesen, wie die Renaissance der frühen Heinz-Erhardt-Filme, die nun auf einmal den Weg in die Programmkinos

1. __ Helge Pitz, Winfried Brenne, Bezirksamt Zehlendorf: Siedlung Onkel Tom, Einfamilienreihenhäuser 1929, Architekt: Bruno Taut. Die Bauwerke und Kunstdenkmäler von Berlin, Beiheft 1. Berlin 1980.
2. __ Norbert Huse (Hrsg.): Siedlungen der zwanziger Jahre bis heute. Vier Berliner Großsiedlungen 1924–1984. Ausstellungskatalog. Berlin 1984.
3. __ Jörg Haspel, Annemarie Jaeggi (Hrsg.): Siedlungen der Berliner Moderne. München, Berlin 2007.
4. __ Werner Durth, Niels Gutschow: Nicht wegwerfen! Architektur und Städtebau der fünfziger Jahre. Schriftenreihe des Deutschen Nationalkomitees für Denkmalschutz, Band 33. Bonn 1987, S. 16.
5. __ Paul Maenz: Die 50er Jahre. Formen eines Jahrzehnts. Stuttgart 1978.

02 __ **Abriss des Landesversorgungsamts München, 1989.**
Entwurf: Hans und Wassili Luckhardt, 1953.

fanden. Und auch die Kunst der jungen Bundes-republik wurde einer – wohlwollend – kritischen Neubetrachtung unterzogen, etwa in der exem-plarischen Ausstellung „Grauzonen Farbwelten" in der Berliner Akademie der Künste.[6] Dass es nur einer relativ kurzen Zeitspanne bedurfte, ehe nach der Klassischen auch die Nachkriegsmo-derne denkmalwert wurde, liegt darüber hinaus an den „biographischen Verflechtungen", die der Architekturhistoriker Werner Durth in seinen Büchern aufzeigte: zahlreiche Protagonisten des Neuen Bauens waren auch in den 1950er Jahren (wieder) aktiv am Baugeschehen beteiligt.[7]

Doch wie so oft ging die neu erwachte denk-malpflegerische (und öffentliche) Wertschätzung einer Epoche mit der Gefährdung ihrer Bauten durch Umbau und Abriss einher. Der Grund dafür war nicht allein der Paradigmenwechsel von der späten Moderne hin zur Postmoderne, der ja bereits während der 1960er Jahre mit den Schriften und Projekten Robert Venturis und Aldo Rossis begonnen hatte, und der in den 1980er Jahren mit Großprojekten wie der Internationalen Bauausstellung (IBA) in Berlin oder dem Bau der Saalgasse in Frankfurt am Main Stadtplanung und Architektur voll im Griff hatte.[8] Es lag zum Teil auch an den Bauten der fünfziger Jahre selbst, denn die Gründe für deren Ablehnung „mögen unter anderem auch in bautechnischen Schäden zu suchen sein, die jetzt umfassende Reparatu-ren notwendig machen."[9] Und so verschwan-den neben zahlreichen Ausstattungsdetails wie originalen Stahlfenstern und Möbeln auch etliche Gebäude dieser Epoche. Darunter das Haus des Vereins Berliner Kaufleute (Paul Schwebes und Hans Schoszberger 1953, Abb. 01) an der Fasanenstraße oder die Landesversicherungs-anstalt (Paul Jacob Schallenberger, 1954/56) am Berliner Kaiserdamm, an deren Stelle seitdem eine Baulücke im Stadtbild klafft.

Ein Fanal für die Ignoranz gegenüber der Nachkriegsmoderne bildete die Posse um den Abriss des Landesversorgungsamtes in München im Jahr 1989. (Abb. 02) Das Haus war 1953 nach Entwurf der Brüder Hans und Wassili Luckhardt entstanden.[10] Doch so richtig erwärmen konnten sich die Münchner für diese „streng gegliederte Gebäudegruppe" nie, die für eine vermeintlich „kalte Moderne" stand.[11] Obwohl das Bayerische Landesdenkmalamt die Denkmaleigenschaft des Luckhardt-Baus erkannte und ihn als einen „Markstein der Moderne" bezeichnete, wurde er auf Beschluss des Bayerischen Landtages abgebrochen. Begründet wurde dies mit angeblich schadhafter Bausubstanz. Ferner damit, dass das Versorgungsamt einer Erweiterung der Fachhochschule München im Wege stünde. Im Nachhinein erwies sich das als kein besonders triftiges Argument, wurde doch das Gelände bis heute nicht wieder bebaut.

Im Gegensatz zu München, in dem man sich nur zögerlich des Erbes der Nachkriegszeit annahm, gab es in Köln bereits seit 1986 ein 900 Positionen umfassendes Verzeichnis von Denkmalen der 1950er Jahre.[12] Derweil schritt die vertiefende Forschung zu Teilaspekten der Epoche voran: Sie widmete sich Fragen der Innenraumgestaltung ebenso wie einzelnen Bauten und Bauaufgaben oder ausgewählten Architekten.[13] Eine Entwicklung, die sich auch in der DDR zeigte: So befasste sich Thomas Topfstedt 1985 mit der Frage des „Historismus in der Phase der ‚Nationalen Tradition'" beim Wiederaufbau 1950–55.[14] Derselbe Autor widmete 1988 dem Städtebau in der DDR eine ausführliche, nach Orten gegliederte Studie.[15] Gerade Architektur und Städtebau der DDR – eine nach der deutschen Wiedervereinigung fraglos abgeschlossene historische Epoche – war nach 1990 einem massiven Veränderungsdruck ausgesetzt. Zahlreiche denkmalwerte Bauten und Stadtstrukturen dieser Epoche wurden zerstört. Darunter manche, ehe sie den Weg in die Denkmallisten gefunden hatten. Andere Bauten wie das Ahornblatt in Berlin (Ulrich Müther, 1972/73, Abb. 03) waren zwar denkmalgeschützt – wurden aber von den baupolitischen Protagonisten der Stadt preisgegeben, da sie nicht deren städtebaulichen Vorstellungen entsprachen. Gerade vor diesem Hintergrund kommt den fundierten Arbeiten der Kunsthistoriker Ulrich Hartung und Andreas Butter zur „Ostmoderne" eine besondere Bedeutung bei der Aufarbeitung der Architektur der DDR zu.[16]

Späte Moderne

Während die Architektur der 1950er Jahre nach der Klassischen Moderne relativ zügig zum Thema für die Denkmalpflege geworden war, dauerte es anschließend mehr als ein Jahrzehnt, ehe auch die zweite Phase der Nachkriegsmoderne als denkmalwürdig erachtet wurde – die Bauten der Jahre zwischen 1960 und etwa 1975. Auch diesmal war nicht allein die Denkmalpflege die treibende Kraft bei der Wiederentdeckung einer Epoche, sondern ein kulturelles Revival der Sixties, das sich in den Gitarrenklängen von Oasis ebenso ausdrückte wie in einer neu erwachten Vorliebe für dunkle Holztöne, die Farbe Orange oder futuristische „James-Bond"-Interieurs im Stil eines Ken Adams.

Nicht nur die beiden Phasen der Nachkriegsmoderne – die 1950er Jahre und die Zeit zwischen 1960 und 1975 – unterschieden sich deutlich voneinander. Sie waren jeweils auch in sich recht heterogen und boten Raum für unterschiedliche methodische und stilistische Ansätze: So war der Wiederaufbau Münsters, etwa am Prinzipalmarkt, genauso traditionalistisch

6. __ Bernhard Schulz (Hrsg.): Grauzonen Farbwelten. Kunst und Zeitbilder 1945–1955. Ausstellungskatalog. Berlin 1983.
7. __ Werner Durth: Deutsche Architekten. Biographische Verflechtungen 1900–1970. Braunschweig 1986; Werner Durth, Niels Gutschow, Träume in Trümmern. Planungen zum Wiederaufbau zerstörter Städte im Westen Deutschlands 1940–1950. Braunschweig 1988.
8. __ Jürgen Tietz: Revolte und Revision. Die Architektur der 1960er und frühen 1970er Jahre, in: Metamorphose. Bauen im Bestand, Heft 6, 2009, S. 20 ff.
9. __ Werner Durth, Niels Gutschow: Nicht wegwerfen! Architektur und Städtebau der fünfziger Jahre. Schriftenreihe des Deutschen Nationalkomitees für Denkmalschutz, Band 33, Bonn 1987, S. 4.
10. __ Wolfram Lübbeke: Bauten der Nachkriegsarchitektur als Baudenkmal? in: Denkmalinventarisation. Denkmalerfassung als Grundlage des Denkmalschutzes. Arbeitshefte des Bayerischen Landesamtes für Denkmalschutz 38, München 1989, S. 55 ff.

11. __ Wolfgang Jean Stock: Vandalismus von oben. Das „Landesversorgungsamt Bayern" in München zwischen Wettbewerb und Abriss – eine Fallstudie, in: Brüder Luckhardt und Alfons Anker. Schriftenreihe der Akademie der Künste, Band 21. 1990, S. 82.
12. __ Hiltrud Kier: Die 50er Jahre in Köln, in: Bauwelt, Heft 19, 1989, S. 878 ff.
13. __ Sonja Günther: Die fünfziger Jahre. Innenarchitektur und Wohndesign. Stuttgart 1994; Dietrich Worbs: Das „Zentrum am Zoo", ein Baudenkmal der Fünfziger Jahre, in: Dietrich Worbs, Einblicke in die Berliner Denkmallandschaft. Berlin 2002, 241 ff.
14. __ Thomas Topfstedt: Zur Frage des Historismus in der Architektur der DDR 1950–1955, in: Karl-Heinz Klingenburg (Hrsg.): Historismus – Aspekte zur Kunst im 19. Jahrhundert. Leipzig 1985, S. 226 ff.
15. __ Thomas Topfstedt: Städtebau in der DDR 1955–1971, Leipzig 1988.
16. __ Andreas Butter, Ulrich Hartung: Ostmoderne. Architektur in Berlin 1945–1965. Berlin 2004, S. 40–43; Andreas Butter: Neues Leben, neues Bauen. Die Moderne in der Architektur der SBZ/DDR 1945–1951. Berlin 2006, S. 410–428.

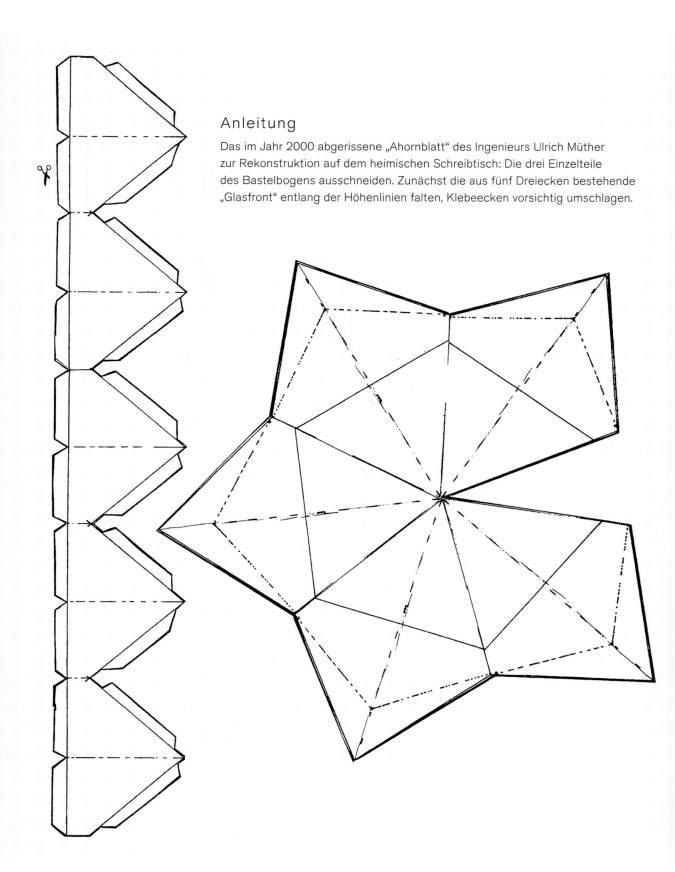

Anleitung

Das im Jahr 2000 abgerissene „Ahornblatt" des Ingenieurs Ulrich Müther zur Rekonstruktion auf dem heimischen Schreibtisch: Die drei Einzelteile des Bastelbogens ausschneiden. Zunächst die aus fünf Dreiecken bestehende „Glasfront" entlang der Höhenlinien falten, Klebeecken vorsichtig umschlagen.

03 __ Bastelbogen „Ahornblatt", veröffentlicht am 29. Juli 2000 in den Berliner Seiten der „Frankfurter Allgemeinen Zeitung" zum Abriss des Mehrzweckbaus auf der Berliner Fischerinsel. Idee: Christian Welzbacher und Oliver Elser.

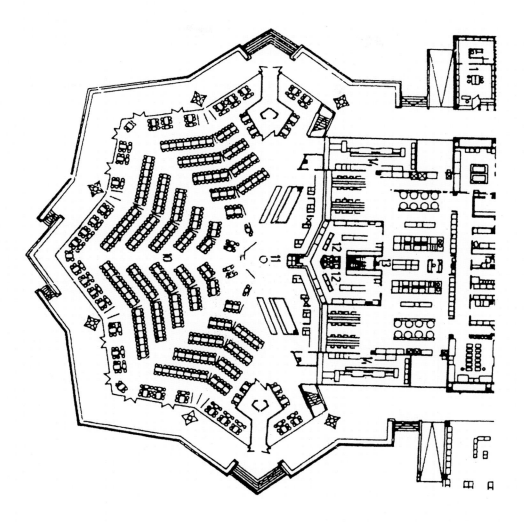

Dann mit einem Stift die horizontalen Sonnenschutzlamellen aufmalen:
im oberen Bereich vier Lamellen, unten fünf. Den Grundriß des „Ahornblattes"
flach ausbreiten und die Glasfront entlang der Linie aufkleben, die das Auditorium
(an der eingezeichneten Bestuhlung zu erkennen), nach außen hin begrenzt.
Nun das sternförmige Dach zickzack-förmig falten und vorsichtig auf den oberen
Klebeecken der Glasfront fixieren. Wenn sich der Mittelpunkt des Daches über
dem Zentrum des Auditoriums befindet stehen die Zacken des „Ahornblattes"
in die Luft. (vgl. Abb. S. 47)

04 ___ „Bikini-Haus" des Ensembles „Zentrum am Zoo", Berlin. Entwurf: Hans Schwebes
und Paul Schoszberger, 1953. Zustand 2009. Der einstmals freie „Bauch" des Hauses, das zweite
Obergeschoss, wurde bereits in den achtziger Jahren geschlossen.

geprägt, wie die Rekonstruktion des Zentrums von München. Frankfurt am Main zeigte dagegen den Duktus der großzügigen Internationalen Moderne und plante schon frühzeitig einen Hochhauskranz um die City. Ein vergleichbarer Zug lässt sich auch für Berlin erkennen: Bei der Interbau im Hansaviertel 1957, ebenso wie bei der Großstadtarchitektur am Breitscheidplatz in der City-West mit dem Zentrum am Zoo (Paul Schwebes und Hans Schoszberger, Abb. 04), vergleichbar aber auch bei den Neuplanungen rund um den Alexanderplatz im Ostteil der Stadt. Trotz der enormen Bandbreite zwischen Traditionalismus und Modernismus lässt sich generell festhalten, dass der filigranen, oft zurückhaltenden Architektur der 1950er Jahre, die durch den beschwingten Charme ihrer abgerundeten Formen faszinierte, in den 1960er Jahren eine weitaus massivere Architektur gegenüberstand, die oft von einer Fertigteilästhetik und von weitaus massigeren Formen geprägt war. Beides macht es heute gelegentlich schwer, die Qualitäten dieser Architektur auch einem größeren Publikum nahezubringen. So zeigt die Architektur der 1960er Jahre in Deutschland jenen „Brutalismus", eine pure Betonarchitektur, wie sie international Le Corbusier oder auch die einflussreichen englischen Planer Alison und Peter Smithson propagierten.[17] Noch während manche Großprojekte der späten Moderne im Bau waren, setzte eine heftige öffentliche und fachliche Kritik ein. Sie bezog sich ebenso auf die Lage und Großformen der verdichteten Wohnsiedlungen am Stadtrand, die Dank des „autogerechten" Städtebaus erschlossen wurden, wie auf die Flächensanierungen der Innenstädte, bei denen ganze Altstadtquartiere zerstört wurden. Zudem wurden die zur Schau gestellten, industriell gefertigten Baustoffe mit Argwohn betrachtet. Allen voran der graue, oft mit Schalungsabdrücken durchfurchte Sichtbeton. Aber auch das Aluminium, das für Fensterprofile, Türen oder zur Verkleidung von Fassaden genutzt wurde, oder die Faserzementplatten der Firma Eternit. Zu den ersten nachdenklicheren Tönen, die den Denkmalwert der viel geschmäh-

ten Bauten der 1960er Jahre hervorhoben, gehört ein 1996 erstmals veröffentlichter Aufsatz des Berliner Denkmalpflegers und Architekturhistorikers Dietrich Worbs.[18] Mit seinem Überblick „Architektur und Städtebau der sechziger Jahre" lieferte dann 2003 der Denkmalpfleger Ralf Lange eine erste, ebenso verdienstvolle wie grundlegende Bestandsübersicht zur Architektur der 1960er Jahre in den beiden deutschen Staaten, die er im Auftrag des Deutschen Nationalkomitees für Denkmalschutz erstellte.[19] Seitdem ist eine ganze Reihe von Veröffentlichungen erschienen, die die „Wiederentdeckung einer Epoche" propagieren und bildmächtig die „Qualitäten einer ungeliebten Baukunst" aufzeigen.[20] Gleichwohl liest sich gerade Langes Buch nur wenige Jahre nach seinem Erscheinen wie der Abgesang auf eine ganze Epoche: denn Paul Baumgartens luftiger Plenarsaal im Berliner Reichstag (1961–1972, Abb. 05) ist ebenso verschwunden wie das Kaufhaus „Centrum" in der Prager Straße in Dresden.

Gerade im Umgang mit diesem ostdeutschen Meilenstein der Nachkriegsmoderne manifestiert sich eine Mischung aus Hilflosigkeit und Arroganz, die zu einer weitgehenden Entstellung des städtebaulichen Ensembles Prager Straße geführt hat. Als kürzeste Verbindung zwischen Bahnhof und Altstadt war sie zwischen 1965 und 1978 im Stil der internationalen Moderne ausgebaut worden. Flache Pavillonbauten flankierten den breiten Boulevard, während eine Reihe von quer dazu errichteten Hotels Höhendominanten ausbildeten, denen auf der gegenüberliegenden Straßenseite ein 240 Meter langer Wohnriegel antwortete. Den Abschluss der Prager Straße bildeten ursprünglich zwei Solitäre: das Rundkino und das Kaufhaus „Centrum". In den letzten Jahren wurde die großzügige Prager Straße zu einem „Prager Platz" degradiert. An beiden Enden entstanden mittelmäßige Neubauten, die die Straße auf Vorkriegsbreite zurückstutzen, während man die seitlichen Pavillons aufstockte – ohne Rücksicht auf die Höhenwirkung des differenzierten Raumgefüges. (Abb. 06, 07 und 08)

17. __ Marco Vidotto: Alison und Peter Smithson. Works and Projects. Barcelona 1997.

18. __ Dietrich Worbs: Baudenkmale der sechziger Jahre, in: Dietrich Worbs, Einblicke in die Berliner Denkmallandschaft. Berlin 2002, S. 185 ff.

19. __ Ralf Lange: Architektur und Städtebau der sechziger Jahre. Schriftenreihe des Nationalkomitees für Denkmalschutz Band 65. Bonn 2003.

20. __ Adrian von Buttlar, Christoph Heuter (Hrsg.): Denkmal! Moderne. Architektur der 60er Jahre. Wiederentdeckung einer Epoche. Berlin 2007; Peter Kroos, BDA Dortmund: Architektur der 60er und 70er Jahre. Qualitäten einer ungeliebten Baukunst in Dortmund. Dortmund 2008.

05 __ Wiederaufbau des Reichstagsgebäudes. Entwurf: Paul Baumgarten, 1961–1972.
Baumgartens Hauptwerk ging beim Umbau durch das Büro Norman Foster vollständig verloren.
Die Aufnahmen zeigen den Eingang zum Plenarsaal mit der Skulptur „Kosmos 70" von
Bernhard Heiliger (oben) und einen Blick in den Lobbybereich (rechts).

06 __ Dresden, Prager Straße. Wabenfassade des mittlerweile abgerissenen Kaufhauses „Centrum". Aufnahme der Initiative www.ostmodern.org, die sich für den Erhalt der Nachkriegsmoderne in Dresden einsetzt.

07 __ Dresden, Prager Straße. Modell, Beginn der 1960er Jahre. Sämtliche Bauten sind mittlerweile verändert oder abgerissen, die städtebauliche Anlage wurde komplett umstrukturiert.

08 __ Kulturpalast in Dresden. Entwurf: Wolfgang Hänsch und Kollektiv, 1964–1969. Das letzte intakte Bauwerk der Nachkriegsmoderne in Dresden. Jahrelang wurde über den Abriss debattiert. Im Juni 2009 wurde der Architektenwettbewerb für den Umbau zur „Dresdner Philharmonie" entschieden.

In einem Punkt unterscheiden sich die beiden Phasen der deutschen Nachkriegsmoderne in nichts voneinander – sie sind trotz ihrer wertschätzenden Wiederentdeckung durch Architekturgeschichte und Denkmalpflege von einer Veränderungs- und Abrisswelle bedroht. Im Umgang mit der Nachkriegsmoderne, so scheint es, erweist sich die deutsche Wiedervereinigung als erfolgreich vollzogen: So sind die Wohnbauten am Brühl in Leipzig bereits entsorgt, während in Hannover die Zerstörung des Plenarsaals des Niedersächsischen Landtags (1957–1962, Dieter Oesterlen, Abb. S. 86) diskutiert wird. In Bonn droht der Abriss der 1959 fertiggestellten Beethovenhalle von Siegfried Wolske, während man in Kiel am liebsten sowohl die wunderbaren Pavillons am Alten Markt von Wilhelm Neveling

(1971–1972) als auch den Konzertsaal des Schlosses (1961–1965) von Herbert Sprotte und Peter Neve entsorgen würde. (Abb. 09 und 10)

Und in Frankfurt am Main soll das wohl nie wirklich geschätzte Technische Rathaus der 1970er Jahre der Fiktion einer historischen Innenstadt weichen. (Abb. 11) Der „historische Stadtgrundriss" soll wiederbelebt, mindestens sechs „Leitbauten" der alten, im Zweiten Weltkrieg untergegangenen Fachwerkstadt sollen rekonstruiert werden – darunter die „Goldene Waage", das „Goldene Lämmchen" und das „Rote Haus" – wenngleich ein Gutachten verdeutlicht, dass die vorhandenen Unterlagen keineswegs genaue, sondern bestenfalls annähernde Kopien dieser Bauten ermöglichen.

09 __ Pavillons am Alten Markt, Kiel. Entwurf: Wilhelm Neveling, 1971/72.

10 __ Schloss Kiel. Entwurf: Herbert Sprotte und
Peter Neve, 1961–1965.

11 __ Luftbild der Innenstadt Frankfurt am Main, 2007.
Links neben dem Turm des Doms liegt der Komplex des Technischen Rathauses, der in naher Zukunft abgerissen wird.

12__ Haus Hardenberg, Berlin. Entwurf: Paul Schwebes und Hans Schoszberger, 1955/56.
Ansicht nach der denkmalgerechten Sanierung.

Doch jenseits dieser radikalen Abkehr von der Nachkriegsmoderne gibt es inzwischen eindrückliche Beispiele für die erfolgreiche Sanierung von Bauten der fünfziger wie der sechziger Jahre. Bei ihnen blieb nicht nur die optische Anmutung der Denkmale erhalten, sondern auch große Teile ihrer bauzeitlichen Substanz. Eines dieser Bauten, unweit vom Berliner Ernst-Reuter-Platz, ist das „Haus Hardenberg" (1955/56, Paul Schwebes und Hans Schoszberger), das Karl-Heinz Winkens 2003 restauriert hat. (Abb. 12) In Pforzheim, einer Stadt, deren Gesicht durch den Wiederaufbau der 1950er Jahre geprägt wird, hat H.G. Merz das „Reuchlin-Haus" (1957–1961, nach dem Entwurf von Manfred Lehmbruck) mit differenzierten Eingriffen für das Schmuckmuseum hergerichtet. Und bei dem BMW-Vierzylinder (1972–1973, Karl Schwanzer), der ebenso wie das Olympiastadion zu den markantesten Ikonen des „neuen München" der 1970er Jahre gehört, ist es dem Architekten Peter P. Schweger bei der Sanierung

gelungen, die originalen Aluguss-Elemente der Fassade zu erhalten und durch kleine Eingriffe für ein neues Lüftungskonzept zu ertüchtigen.[21] Alle drei Bauten geben damit ein gutes Beispiel, dass Charme und Materialität der Nachkriegsmoderne bei notwendigen Sanierungen nicht verloren gehen müssen. Damit eröffnen sie zugleich die Chance, dass das öffentliche Bewusstsein für Ästhetik und Qualität der Nachkriegsmoderne in ihrer differenzierten Ausprägungen weiter wachsen kann.

21. __ Jürgen Tietz: Die guten Dinge. Zwei gerettete Bauten der Nachkriegsmoderne in der City-West, in: Architektur Berlin 04. Berlin 2004, S. 49 ff.; Jürgen Tietz: Kleeblatt und Vierzylinder. Peter P. Schwegers Revitalisierung des BMW Hochhauses, in: Gerwin Zohlen (Hrsg.): Modernisierung einer Ikone. Die Revitalisierung des BMW Hochhauses in München. Schweger Assoziierte und Partner. Sulgen 2008, S. 118 ff.

Michael Braum und Bernhard Heitele

Umbau einer europäischen Stadt
Auf der Suche nach Urbanität

01 __ Hannover. Luftbild der nach Kriegszerstörung beräumten Innenstadt. Im Vordergrund die Verwaltung
der Continental AG am Königsworther Platz. Entwurf: Ernst Zinsser und Werner Dierschke, 1953.

„Wer die Folgen jenes Umwandlungsprozesses samt der Schlussphase der materiellen Zerstörung mit kritischen Augen sah, konnte nur in der Zerstörung die Chance für einen Beginn zu Neuem sehen und musste sie mit dem Vorsatz ergreifen, mit dem Neuen die Linien für eine Stadtentwicklung vorzuzeichnen, die für künftige Generationen einen ähnlich weiten Spielraum noch ungeahnter und unbekannter Gestaltungsmöglichkeiten lässt, wie das vor langer Zeit einmal die Grundrisse unserer alten Städte für das Leben von Generationen erlaubten."

Stadtbaurat Prof. Dr.-Ing. E.h. Rudolf Hillebrecht
am 22. Juni 1961 an der Universität Basel

02 __ Blick in die Karmarschstraße. Aufnahme um 1900.

Hannover war bis in die Mitte des 20. Jahrhunderts nie Modell für den Stadtumbau wie beispielsweise Paris, mit seinen radikalen städtebaulichen Interventionen durch Georges-Eugène Hausmann, oder Berlin und Frankfurt, mit ihren beeindruckenden Siedlungen der klassischen Moderne von Bruno Taut oder Ernst May. Hannover gebärdete sich in seiner Entwicklung immer gemäßigter, in Teilen gar mittelmäßiger. Nur einmal bricht es aus! Im Kontext des kriegsbedingten Wiederaufbaus sollte die Stadt Modell werden.

Residenz und Großstadt

Bis zum Ausbruch des Zweiten Weltkriegs nahm die städtebauliche Entwicklung einen für die damalige Zeit typischen Verlauf. Die mittelalterliche Stadt mit ihren drei großen Kirchen wuchs über die Grenzen der geschliffenen historischen Stadtmauern hinaus. Einen ersten Aufschwung nahm die junge Residenzstadt im 17. Jahrhundert; eine erste Stadterweiterung wurde mit der Calenberger Neustadt realisiert; Herzog Georg wählte sich Herrenhausen zur Sommerresidenz und die Herrenhäuser Gärten wurden angelegt. Mit der Verlegung des Hofes zu Beginn des 18. Jahrhunderts nach England verlor die Stadtentwicklung Hannovers jedoch an Dynamik. Erst als Ernst August nach Beendigung der Personalunion 1837 Hannover zum Königssitz erkor, entwickelte sich die Stadt zunächst bescheiden weiter. Nach Plänen von Georg Ludwig Friedrich Laves entstand die klassizistisch geprägte Ernst-August-

Stadt im Umfeld des heutigen Hauptbahnhofs. Der von Laves initiierte Bau eines repräsentativen Ringboulevards konnte nie realisiert werden. Er blieb mit der Anlage der Goethestraße und des Goetheplatzes immer rudimentär. Die einsetzende vorstädtische Bebauung folgte den vorhandenen Wegen und konzentrierte sich zunächst auf den Rand der Innenstadt.

Mit der Einbindung in den Deutschen Zollverein 1851, der Einführung der Gewerbefreiheit nach der preußischen Annexion des Königreiches Hannover 1853 und im Zuge der Gründereuphorie nach dem Deutsch-Französischen Krieg 1871 vermochte sich der wirtschaftliche Aufschwung zu beschleunigen. 1873 zählte Hannover mit etwa 100.000 Einwohnern bereits zu den Großstädten des Deutschen Reiches. Für die vor allem stadttechnisch ausgelegten Erweiterungspläne zeichnete der damalige Stadtbaudirektor Heinrich Tamms verantwortlich. Innerhalb von zwanzig Jahren verdoppelte sich die Einwohnerzahl von Hannover auf circa 200.000. (Abb. 02)

03 __ Kriegszerstörtes Hannover.

Auf der Grundlage des unter anderem von Josef Stübben prämierten Wettbewerbsentwurfs von Gerhard Aengeneyndt, dem späteren Stadtbaumeister, wurde die Südstadt erschlossen und im Zuge weiterer Eingemeindungen folgten städtebauliche Erweiterungspläne für die Stadtteile List und Vahrenwald. Nach Berliner Vorbildern konnten um 1900 an verschiedenen Orten genossenschaftliche Wohnbauten, wie der Brüggemannhof, realisiert werden. 1914 wurde Paul Wolf zum Stadtbaurat ernannt, der in der Auflockerung der Stadt im Geiste der Gartenstadt Ebenezer Howards die Chance sah, die Urbanisierung zu steuern. Nach seinen Vorstellungen sollte der innerstädtische mehrgeschossige Mietshausbau zugunsten der Förderung des gartenbezogenen niedriggeschossigen Bauens in der Peripherie reduziert werden. Modellhaft steht dafür die Gartenstadt Laatzen. Unter Leitung des auf Paul Wolf folgenden Stadtbaurats Karl Elkart entstanden in den 1920er Jahren beispielhafte Siedlungen, etwa an der Friedrich-Ebert-Straße, der de Haën-Platz oder die Siedlung am Kreuzkampe, die sich jedoch deutlich unprogrammatischer gaben, als die großen Siedlungen in Frankfurt, Wien oder Berlin.

Krieg und Neuaufbau

Karl Elkart blieb nach der nationalsozialistischen „Machtergreifung" Stadtbaurat. Neben dem repräsentativen Ausbau der Hauptverkehrsstraßen, der Sanierung der Altstadt und der Stärkung von Cityfunktionen war in der städtebaulichen Neugestaltung der Hauptstadt Hannover ein Parteiforum am Waterlooplatz vorgesehen. Elkart, der nach den ersten Bombenangriffen 1941 seine Planung zugunsten einer Neugliederung der Stadt durch weiträumige Grünzüge modifizierte, legte 1944 eine Wiederaufbauplanung vor, die anstelle repräsentativer, architektonisch gefasster Stadträume eine zu den umgebenden Grünräumen hin offene Stadtlandschaft formulierte. (Abb. 03 und 04)
So kann er möglicherweise als Wegbereiter der durch Rudolf Hillebrecht nach 1945 propagierten Stadtlandschaft in Hannover angesehen werden.

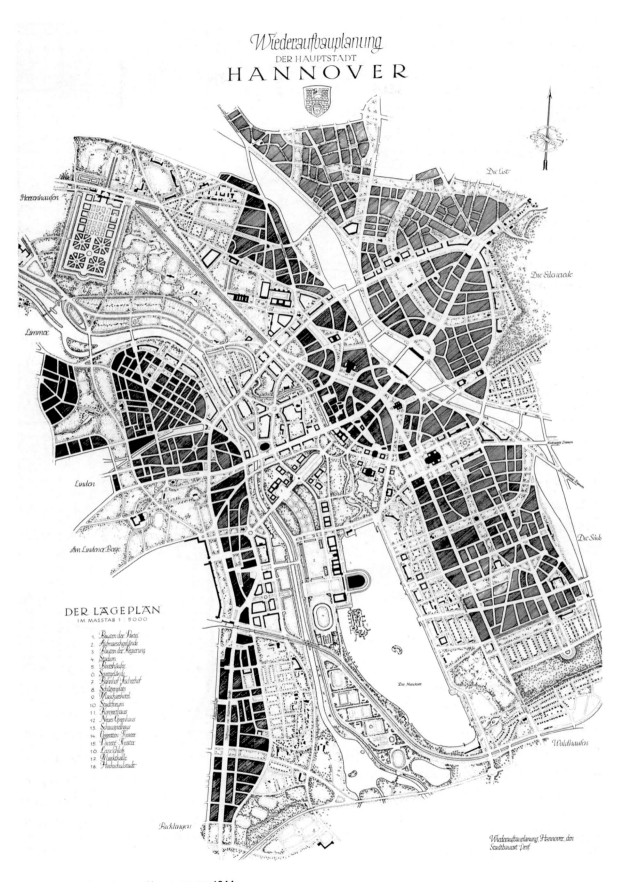

04 __ Wiederaufbauplanung Hannover, um 1944.

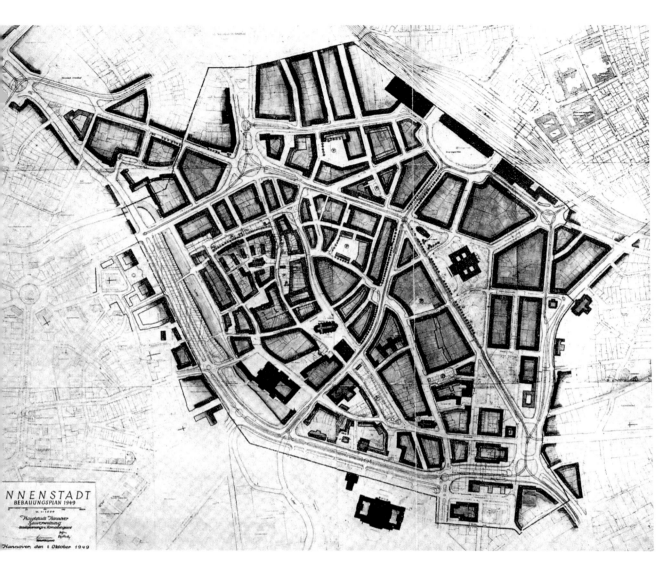

05 __ Bebauungsplan für die Innenstadt
Hannover vom 1. Oktober 1949. Entwurf:
Stadtplanungs- und Vermessungsamt unter
Stadtbaurat Rudolf Hillebrecht.

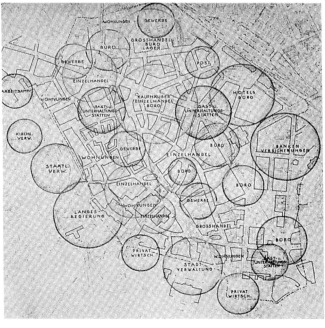

06 __ Nutzungsplanung für die Innenstadt Hannover, 1949.

Die unter Elkarts Nachfolger Otto Meffert entwickelten Konzepte von Rudolf Finsterwald und Hans Högg fanden in dem 1948 von Rudolf Hillebrecht vorgelegten Kollegialplan ihren Niederschlag. Der Kollegialplan protegierte den verkehrsgerechten Ausbau der Stadt, die Auflockerung der innerstädtischen Baustruktur sowie die Betonung des Leineufers als prägende landschaftsräumliche Elemente. 1949 wurde im Auftrag Hillebrechts der Aufbauplan für die Innenstadt vorgelegt. (Abb. 05 und 06) Er basierte auf einem Wettbewerbserfolg der Architekten Werner Dierschke und Wilhelm Schwedes. Die Stadtlandschaft der Nachkriegsmoderne, räumlicher Ausdruck einer gegliederten, baulich aufgelockerten und in ihrem Umfang begrenzten Stadt, deren strukturierendes Element ein in landschaftliche Freiräume eingebettetes Hauptstraßennetz bilden sollte, avancierte zum Leitbild des Neuaufbaus. So anspruchsvoll sich die Begründung der Idee auch las, diente sie doch vor allem dem verkehrsoptimierten Ausbau der Stadt. Der Cityring fraß sich in den überlieferten Stadtkontext und wurde über leistungsfähige Radialen mit den äußeren Tangenten verbunden.

Die Bewahrung des historischen Stadtbildes der Altstadt beschränkte sich auf den Wiederaufbau der wichtigsten Baudenkmäler, der 1946 mit der modernisierenden Wiederherstellung der Marktkirche durch Dieter Oesterlen begann und 1949/50 mit dem Wiederaufbau der Laves'schen Oper seine Fortsetzung fand (Abb. 07). Durch die vollständige Auflösung der historischen Strukturen im Umfeld der Innenstadt erhielten die innenstadtnahen Stadträume eine völlig neue Gestalt. Dies ist besonders augenfällig am Waterlooplatz; hier entstand das Regierungsviertel des neuen Bundeslandes Niedersachsen. Die Neuplanung des Leibnizufers und der Lavesallee am Waterlooplatz avancierten in der Folgezeit bundesweit zu herausragenden Beispielen rhythmisch gestalteter architektonischer Freiräume. (Abb. 08, 09 und 10)

07 __ Opernhaus Hannover. Entwurf: Werner Kallmorgen und Klaus Hoffmann, 1950 – 1964. Wiederhergestellter klassizistischer Außenbau von 1852.

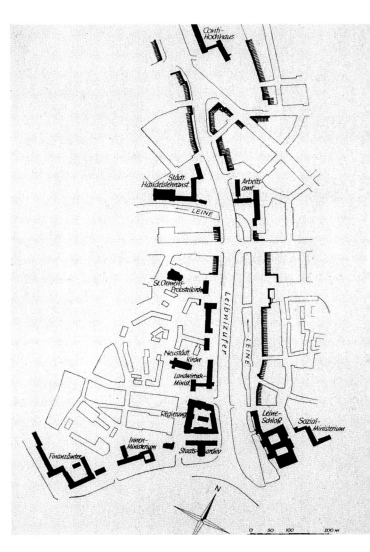

08 __ Stadtraum des Leibnizufers, Hannover. Planskizze, Mitte der 1950er Jahre.

09 __ Stadtraum Hannover zwischen Waterlooplatz und Königsworther Platz. Luftbild, 1956.

10 __ Bebauung des westlichen Leineufers, Hannover mit ehemaliger
Preussag-Verwaltung. Entwurf: Gerhard Graubner, 1952.

11 __ Constructa-Baublock, Hannover. Zeitgenössische Aufnahme, 1951.

Als erste bauliche Akzentuierung eines der neu geschaffenen Innenstadteingänge entstand das von Ernst Zinsser und Werner Dierschke entworfene Continental-Hochhaus 1953. (Abb. 01) Im Rahmen einer kleinen Bauausstellung, der 1951 veranstalteten „Constructa", wurden drei prototypische Wohnanlagen errichtet. Der Constructa-Block in der Südstadt veranschaulicht die Ziele des Neuaufbaus in einem gründerzeitlich geprägten Quartier. (Abb. 11) Das Kreuzkirchenviertel steht exemplarisch für die Idee zeitgemäßer Wohninseln im historischen Kontext. (Abb. 12) Und die Siedlung „Am Mittelfelde" thematisiert den sozialen Wohnungsbau am Stadtrand. Durch den raschen Anstieg citygebundener Dienstleistungen gewann die Innenstadt in den 1960er Jahren zunehmend an Bedeutung. Sechzig Prozent aller hannoverschen Arbeitsplätze konzentrierten sich fortan in der City. Hillebrecht entwickelte vor diesem Hintergrund Ende der 1950er Jahre in einer Betrachtung über „Trabanten und Neue Städte" ein Stadtmodell mit Nebenzentren, das grundlegend für das Schema seiner „Regionalstadt" (1962) wurde.

12 __ Wohnviertel um die Kreuzkirche, Hannover, 1950/51.

13 __ Ihmezentrum, Hannover-Linden. Entwurf: Helmut Kloss, Peter Kolb, Gustav Schröder, 1971–1975. Straßenansicht und Ihmeufer, 2008.

14__„Passerelle", Hannover. Zustand der 1980er Jahre am Kröpcke und an der Bahnhofstraße nach dem Umbau zur „Niki de Saint-Phalle-Promenade" 2007.

Mit den Großsiedlungen Vahrenheide, Mühlenberg und Roderbruch entstanden am Rand der Stadt neue Wohngebiete. Im Verständnis eines skulptural gehaltenen Städtebaus gliederten Grünräume die Hochhaussiedlungen, die in ihrer Qualität nicht mehr an die hohen Ansprüche der direkten Wiederaufbauprojekte der 1950er Jahre anzuknüpfen vermochten. In der Innenstadt kam es mit dem Bau der U-Bahn zu weit reichenden Eingriffen in die Stadtstruktur. In der Folge wurden unter Hanns Adrian in den frühen 1970er Jahren das „Kröpcke-Center", die Raschplatz-Bebauung und das „Ihmezentrum" (Abb. 13) realisiert. Die Innenstadt avancierte zur größten Fußgängerzone Deutschlands. Um die Oststadt an die City anzuschließen und die durch die Bahn manifestierte Zäsur endgültig aufzuheben, entstand die Passerelle. (Abb. 14)

Umgang mit den Leitbildern der Nachkriegsmoderne

In Folge der in der Öffentlichkeit zunehmend wahrnehmbaren Kritik an den Prinzipien des Städtebaus der Nachkriegsmoderne erfolgte ein Paradigmenwechsel, der zu einem grundsätzlichen Nachdenken über den Umgang mit der Stadt führte. Dieses fand 1975 im Europäischen Jahr der Denkmalpflege seinen programmatischen Ausdruck. Die bis dato auch in Hannover die städtebauliche Entwicklung in weiten Teilen bestimmende Funktionsschwächesanierung wurde durch die Strategie einer behutsamen Stadterneuerung abgelöst, die schwerpunktmäßig im Stadtteil Linden, im Rahmen breiter Bürgerbeteiligungsverfahren, erprobt werden sollte.

Die Vorbereitung der Weltausstellung „Expo 2000" bestimmte die stadtentwicklungspolitischen Debatten der 1990er Jahre. Die sichtbaren städtebaulichen Strategien konzentrierten sich im Vorfeld der Expo in der Regel auf punktuelle Aufwertungen öffentlicher Räume. So entstanden im Zuge der bundesweit herausragenden Aufwertung des ÖPNV-Netzes neue Bus- und Tramhaltestellen. Diese punktuellen Interventionen fassten auch in der baulichen Entwicklung Fuß. So scheint Hannover seit seinem Wiederaufbau durch die Nachkriegsmoderne weit weniger in städtebaulichen Zusammenhängen verflochten als vielmehr in architektonischen Einzelprojekten zu denken.

15__ Ausschnitt „planWerk_Hannover", Projekte und Potenziale, 2007.

Uta Bockhoff-Gries, die Nachfolgerin von Hanns Adrian im Amt des Stadtbaurats, setzte ihre Ansprüche vor allem in die Nachbesserungen der Stadt der Nachkriegsmoderne. Dabei wurde neben der Aufwertung ausgewählter öffentlicher Räume vor allem das außerhalb der Kernstadt liegende Messegelände funktional und gestalterisch verbessert. Die im Zusammenhang mit der Messeerweiterung teilrealisierte Wohnsiedlung am Kronsberg konnte, trotz unbestrittener Qualitäten in Details, nicht darüber hinwegtäuschen, dass sich die stadtentwicklungspolitischen Impulse in erster Linie auf die Stärkung des Messestandorts Hannover innerhalb der globalen Konkurrenz konzentrierten. Auch die unbestrittenen Erfolge des Programms zur Aufwertung der öffentlichen Räume in den Stadtteilen, „Hannover schafft Platz", ersetzte nicht die Notwendigkeit gesamtstädtischer Ansätze zur Stadtentwicklung.

Das 2005 der Öffentlichkeit erstmals vorgestellte Stadtentwicklungskonzept „Hannover plus Zehn" sollte dieses Defizit schließen. Es wurde zum Anlass genommen, die Stadtidee Hannovers in einem Diskussionsentwurf „planWerk_Hannover" zu visualisieren. (Abb. 15) Darin werden die städtebaulichen Perspektiven der Stadtteile erstmals wieder in einen gesamtstädtischen Zusammenhang gebracht. Es zeigt Korridore auf, wie Stadtentwicklung unter den Bedingungen des Wandels ohne Wachstum gestaltet werden kann. In diesem Verständnis werden die für Hannover spezifischen städtebaulichen Phänomene herausgearbeitet, wobei die städtebauliche Aufwertung der Innenstadt in ihrer Bedeutung als identitätsprägender Ort der Gesamtstadt von herausragendem Interesse ist.

Durch das Ineinanderwirken von verschiedenen Facetten der Stadtentwicklung wird im „planWerk_Hannover" ein Leitbild so genannter „City_Patches" gezeichnet: das Zusammenspiel unterschiedlicher Stadtfelder soll mit funktional angemessenen Landschaftsräumen hoher gestalterischer Qualität gestärkt werden. Mit dem „planWerk" wurde der erste Baustein einer wieder gesamtstädtisch angelegten Entwicklungsstrategie zur Diskussion gestellt, die im Rahmen eines 2010 auszulobenden Wettbewerbs für das Zentrum Hannovers städtebaulich konkretisiert werden soll. Die wesentliche Herausforderung des Projektes „HannoverCity 2020" wird darin liegen, das städtebauliche und architektonische Erbe der Nachkriegszeit weiterzuentwickeln, um Fehler zu korrigieren ohne das aus verschiedenen Zeitschichten gewachsene Stadtbild zu ignorieren.

Literatur:

Stefan Amt: Hannover – Stadt und Architektur vom Mittelalter bis zur Gegenwart, in: Martin Wörner, Ulrich Hägele, Sabine Kirchhof: Architekturführer Hannover. Berlin 2000.

Sid Auffarth: Eine Stadt auf dem Weg in die Moderne, in: Michael Braum, Hartmut Millarg (Hrsg.): Städtebau in Hannover. Ein Führer durch 50 Siedlungen. Berlin 2000.

Werner Durth und Niels Gutschow: Träume in Trümmern: Planungen zum Wiederaufbau zerstörter Städte im Westen Deutschlands 1940 – 1950. Band 2. Städte. Braunschweig 1988.

Rudolf Hillebrecht: Hannover als ein Beispiel des Aufbaus, in: Werner Bockelmann, Rudolf Hillebrecht, Albert Maria Lehr: Die Stadt zwischen Gestern und Morgen. Tübingen 1961.

Sid Auffarth

Hannover
Vom „fließenden Stadtraum" in die Erlebnisgesellschaft

01 __ Luftbild des Verkehrsraumes am Innenstadtring, Hannover. Aufnahme 2006.

Weiterdenken der Nachkriegsmoderne, das heißt zunächst beschreiben, was denn Nachkriegsmoderne überhaupt ist. Und inwieweit sie den Neuaufbau von Hannover, vorzugsweise die Innenstadt, prägte. Erst dann ist ein Weiterdenken möglich. Und so ist der folgende Beitrag auch aufgebaut. Er beginnt mit der Frage: Was ist Nachkriegsmoderne im Städtebau, wo findet sie sich in Hannover, und wie gehen wir damit um? In einem Vortrag der Reihe „HannoverCity 2020" würdigte der Bauhistoriker Werner Durth die Leistungen Rudolf Hillebrechts, der seit 1948 als Stadtbaurat den Neuaufbau der Stadt Hannover lenkte. Hannover wurde damals zum viel bewunderten Vorbild des Wiederaufbaus. Durth beschrieb die Lage der Menschen in den kriegszerstörten Städten, berichtete von ihren Hoffnungen und erläuterte, wie sich daraus Leitbilder für den Wiederaufbau herausbildeten. Das Folgende knüpft dort an, wo der Beitrag von Werner Durth endete, nämlich bei den städtebaulichen Leitbildern der Wiederaufbauzeit.[1]

Auch wenn der Philosoph Theodor W. Adorno aus dem Wort „Leitbild" einen leicht militärischen Klang heraushörte und es der konservativ-restaurativen Kulturkritik zuordnete, kann das für die Stadtplanung der Wiederaufbauzeit nur bedingt gelten. Die Planung wollte und musste sich vom Leiten, Führen und Verführen von Menschen deutlich absetzen, sich entnazifizieren, auch wenn gängige Planungsziele aus der NS-Zeit unter anderer Überschrift beibehalten wurden, die meistens dem angelsächsischen und US-amerikanischen Städtebau entstammten. Die Leitbilder dienten der Verständigung unter Planern und mit der Öffentlichkeit und brachten kompliziert-komplexe Zusammenhänge auf eine kurze Formel. Sie hießen damals: Funktionstrennung, die gegliederte und aufgelockerte Stadt, Nachbarschaftsidee, Stadtlandschaft, autogerechte oder auch organische Stadt – wobei sich in der Umsetzung eine moderne von einer traditionsgebundenen Richtung unterscheiden lässt. An dieser Stelle erscheint es sinnvoll, darauf hinzuweisen, dass der damalige Stadtbaurat Rudolf Hillebrecht ausdrücklich den Begriff „Wiederaufbau" für Hannover ablehnte, er sprach vom „Neuaufbau". Womit sich auch die Frage erübrigt, ob die Planung Hannovers eher modern oder traditionalistisch erfolgte. Unwidersprochen wurde Hannover damals zum Vorbild der modernen Stadtplanung. Die Zeitschrift „Der Spiegel" sprach 1959 über die Aufbauleistung anerkennend vom Wunder von Hannover.[2]

Hannover: Idealtypus der modernen Stadt

Da gibt es zunächst das Leitbild der gegliederten und aufgelockerten Stadt. Dessen Grundgedanke war es, die einst dicht bebaute, lichtlose und steinerne Stadt in Siedlungszellen oder Quartiere zu gliedern, deren Bewohner sich in Nachbarschaften basisdemokratisch organisieren und die politische Erneuerung des jungen Deutschlands begründen sollten. „Zellendemokratie" nannte dies Theanolte Bähnisch, seit 1946 erste Regierungspräsidentin für Hannover und damit erste Frau in diesem Amt überhaupt. Eine Siedlungszelle entsprach dabei etwa einem der damals 41 hannoverschen Stadtteile mit durchschnittlich zehntausend Einwohnern. Die Auflockerung der Stadt war mit verschämtem Blick auf den Luftschutz der Versuch, durch Grünzüge die Gliederung im Stadtkörper erfahrbar zu machen. In das wohnbegleitende Grün wurden dann Schulen sowie Spiel- und Sportanlagen eingebettet. Für die Innenstadt ist als herausragendes Beispiel die Freilegung des Leineufers zu nennen, das als Verkehrszug im Grünen die Landschaften der südlichen Leineaue über Maschsee, Maschpark, Königsworther Platz und Georgengarten mit der mittleren Leineaue bis Marienwerder verbindet. Darüber hinaus wurde die Innenstadt mit den zum Parkieren ausgewiesenen Plätzen Köbelinger Markt und Marstall aufgelockert. Verkehrs- und Kundenströme wurden in offene Räume gelenkt, die gern auch als fließender Raum charakterisiert wurden. Die Vorliebe der NS-Planer für monumentale Achsen wurde nun in organisch ausschwingenden Verkehrs- und Grünbändern gemildert. Mit dem Leitbild der Stadtlandschaft kehrte die Natur in die Stadt zurück, denn in der Hinwendung zum Natürlichen, zum Organischen glaubten sich die Planer frei von jeder Ideologie. (Abb. 01 und 02)

1. __ Werner Durth und Niels Gutschow: Träume in Trümmern. Planungen zum Wiederaufbau zerstörter Städte im Westen Deutschlands 1940–1950. 2 Bde. Braunschweig/Wiesbaden 1988. Besonders: Hannover, in: Band 2, S. 707–790.

2. __ Rudolf Hillebrecht: Das Wunder von Hannover: in: Der Spiegel vom 3. Juni 1959, S. 56–69.

STRASSE AM HOHEN UFER MIT BLICK AUF DIE MARKTKIRCHE, LEINESCHLOSS
UND NEUES RATHAUS

02 __ Wiederaufbauplanung der Innenstadt Hannovers. Zeichnung von 1949.

Schließlich war da noch das Leitbild der autogerechten Stadt, das zum Schlagwort wurde und dem 1959 erschienenen Buch von Hans Bernhard Reichow auch den Titel gab. Zur Erläuterung wird hier das Verkehrsmodell für Hannover vorgestellt, das „Der Spiegel" 1959 als Radsystem abbildete (Abb. 03): Der neu geschaffene Innenstadtring mit Leibnizufer im Südwesten und Raschplatztangente im Norden umgürtete als Radnabe die City, die flächenmäßig um das Dreifache erweitert wurde – auch um Hochhäuser zu verhindern –, Ausfallstraßen erschienen als Speichen, während die Schnellwege einschließlich der Autobahn A2 im Norden als Radkranz das weiträumige Umfahren der Stadt gewährleisteten. Ein Konzept, das bis heute funktioniert, jedoch mit seinen Verkehrsschneisen tief in den Stadtkörper einschneidet. Rudolf Hillebrecht hat sich immer dagegen verwahrt, dass die autogerechte Stadt für den Neuaufbau Hannovers höchste Priorität gehabt habe. Er sah im Verkehr nur das Mittel zum Zweck, die wirtschaftliche Bedeutung der Innenstadt zu stärken, indem er sie bestmöglich für den Verkehr erschloss. Er wollte vermeiden, dass die Innenstadt wie in den USA zu einem Slum verkam, während die Einkaufsmärkte an den Ausfall-

straßen boomten. Da aber das Bodenrecht keinen Zugriff auf privaten Grund und Boden vorsah, blieb den Planern vorderhand nur die Planung des Verkehrs, die auch die Fußgänger mit einbezog. Sie dominierten in der Innenstadt als Kunden der Kaufhäuser und Geschäfte oder als Besucher der kulturellen Einrichtungen wie Theater, Oper, Kino.

Wichtigste Bestandteile des Verkehrskonzepts waren der südliche Cityring mit Friedrichswall und Leibnizufer sowie die erst 1965 fertiggestellte nördliche Raschplatztangente – heute Hamburger- und Berliner Allee. Wobei vor allem der Trasse am Leineufer besondere Bedeutung zukam. Sie war nicht nur das erste Teilstück, sondern wurde, indem sie die Georgstraße vom Durchgangsverkehr entlastete, die damit zur „echten Längsachse der Innenstadt" werden konnte, zu einem modernen Autoboulevard aufgewertet, der das Neue Rathaus, das Regierungsviertel und die Konzernzentralen miteinander verband. (Abb. 04) Damals allerdings kam auf siebzig Einwohner ein Pkw, während die Aufbauplanung weitsichtig von zehn Einwohnern pro Pkw ausging – einem Verhältnis, das der Verkehrsdichte von Paris und Zürich vor dem Krieg entsprach, aber bereits 1960 erreicht wurde. Heute teilen sich zwei Einwohner,

Bauwerke von Borromini oder Bernini, und rekonstruieren sollte man sie hier auch nicht, aber Aussichten auf ein reicheres, vielfältiges Leben bietet der Platzraum ohne Autos allemal. Der Stadtbaukünstler Camillo Sitte gab 1889 zu bedenken, „so wie es möblierte Zimmer und auch leere gibt, so könnte man von eingerichteten und noch uneingerichteten Plätzen reden, die Hauptbedingung dazu ist aber beim Platz sowie beim Zimmer die Geschlossenheit des Raumes."[11] Das hätte er auch vom Marstall sagen können. Wir sollten über eine neue „Möblierung" nachdenken.

Genauso hätte er sich zum Platz der Göttinger Sieben (Abb. 11) äußern können: „In künstlerischer Beziehung ist ein bloß unverbauter Fleck noch kein Stadtplatz." Als 1964 die alte Flusswasserkunst (1896–1898 als historistischer Versorgungskomplex nach Entwürfen von Heinrich Stier errichtet) abgerissen wurde, plante die Bauverwaltung, die entstandene Leerstelle mit einem Obelisken zu besetzen, der gegenüber dem Wirtschaftsministerium den Eingang zur Innenstadt markieren sollte. Es blieb bei einer Fotomontage. Und auch spätere Versuche, den Platz zu einem lebendigen Forum am Landtag zu machen, scheiterten. Weder das stufenweise Absenken des Platzes und Anlegen eines Baumrasters, weder die temporäre Aufstellung des Ernst-August-Denkmals, der Plan für ein springendes Ross oder die Bodini-Installation des zivilen Ungehorsams, noch der Oesterlen'sche Wasserfall konnten einen Stadtplatz daraus machen. Aktuelle Diskussionen befassen sich nun wieder mit Um- und Neubauten, kaum aber mit dem Raum. Ein Stadtplatz verlangt nach räumlicher Fassung, die mit einem Bau an der Stelle der alten Flusswasserkunst Konturen bekäme – aber gewiss nicht als Rekonstruktion, sondern als ein sachlich-moderner Baukörper in der Art des Brückenhauses am Mainufer der Stadt Frankfurt (Fertigstellung 2006, Architekt: Christoph Mäckler). Dann jedoch darf der alte Plenarsaal nicht abgerissen werden, sondern sollte in Anlehnung an das Wettbewerbsergebnis von 2002 behutsam heutigen Anforderungen von Aus- und Einsichten und Tageslicht angepasst werden. Wenn dabei die Fassade zum Platz hin offener wird, könnte daraus ein beidseitig gefasster Vorplatz des Landtages werden.

Als Resümee bleibt: Es gilt, im fließenden Raum der Stadt Stopps einzulegen, „gestalterische Räume bereitzustellen, in denen notwendige Realerfahrungen im kulturellen und zwischenmenschlichen Bereich zwischen den im Alltag getrennten Gruppen gemacht werden können."[12]

---

10. __ Henri Lefèbvre: Die Revolution der Städte. München 1972, S. 25.
11. __ Camillo Sitte: Der Städtebau nach seinen künstlerischen Grundsätzen (1889). Wien 1922 (5. Auflage), S. 38.
12. __ Thomas Sieverts: Perspektiven für den öffentlichen Raum, in: Baukultur, Heft 6, 1990, S. 6–10.

Positionen

Epochenerbe und Bürgerbeteiligung
Auszüge aus dem Podiumsgespräch im Dezember 2008

01 __ Blick in das Auditorium im Veranstaltungssaal des Sprengel Museums, Hannover.

„Nachkriegsmoderne weiterdenken"– diese Überschrift trug die zweite Veranstaltung der Reihe „Baukultur_vor_Ort", die von der Bundesstiftung Baukultur initiiert wurde. Sie fand am Abend des 10. Dezember 2008 im Sprengel Museum Hannover statt. Beim Dialog zwischen den Diskussionsteilnehmern, Referenten und dem versammelten Publikum zeigte sich schnell, dass „Weiterdenken" nicht nur den intellektuellen Aneignungsprozess von Architektur und Städtebau zwischen 1945 und 1975 meinte, sondern auch die emotionale Auseinandersetzung – zumal der drohende Abriss des Plenarsaals des niedersächsischen Landtags (1957–1962, Dieter Oesterlen) die Brisanz des Themas noch erhöhte. So herrschte gespannte Atmosphäre im Veranstaltungssaal des Museums – einem 1979 eröffneten, spätmodernen Sichtbetonbau –, der trotz seiner Geräumigkeit mit rund 700 Besuchern prall gefüllt war. Selbst im Foyer des Hauses drängten sich weitere Zuhörer, um die Übertragung aus dem Saal am eigens aufgebauten Bildschirm mitzuverfolgen.

Dabei war der Abend aus Hannoveraner Sicht bereits die vierte Veranstaltung in kurzem Abstand, die sich dem Umgang mit der Stadt – und damit der Nachkriegsmoderne – stellte. „Nachkriegsmoderne weiterdenken" stand in einer Debattenfolge, die sich dem neuen planerischen Leitbild der niedersächsischen Landeshauptstadt, „Hannover 2020", widmete. Am 24. September, 28. Oktober und 12. November fanden die öffentlichen Erörterungen dieses Konzeptes statt, wobei die Perspektive auf Zukunft und Vergangenheit von Architektur und Stadtplanung sukzessive verbreitert wurde, um die Situation von Hannover in einem größeren Kontext zu begreifen. „Nachkriegsmoderne weiterdenken", als Höhepunkt und Abschluss der Reihe, war daher möglichst weitsichtig angelegt: Die Diskussionsteilnehmer waren eingeladen, ausgehend vom Beispiel Hannover Chancen und Schwierigkeiten im Umgang mit der gesamten Epoche „Nachkriegsmoderne" zu resümieren.

Nach einführenden Vorträgen von Christian Farenholtz (Hamburg) und Sid Auffarth (Hannover) – beide sind im vorliegenden Band dokumentiert – bat der Moderator des Abends, Michael Braum, die sechs Teilnehmer des Gesprächs aufs Podium: Uwe Bodemann, Stadtbaurat von Hannover; Jörg Springer, Architekt; Undine Giseke, Landschaftsarchitektin; Adrian von Buttlar, Kunsthistoriker; Veit Görner, Kunst

02 _ Sprengel Museum, Hannover.

historiker und Erziehungswissenschaftler und Wolfgang Beck, Theologe. Die Runde erörterte in rund zweieinhalb Stunden mehrere essenzielle Fragenkomplexe im Umgang mit dem Erbe der Nachkriegsmoderne, die Michael Braum einleitend ansprach: „Die Nachkriegsmoderne und die historische Identität – Wie identitätsstiftend kann die Nachkriegsmoderne sein? Nachkriegsmoderne und Stadtlandschaft – Wie viel Platz verträgt die Stadtlandschaft überhaupt und welche Gestalt- und Nutzungsqualitäten stecken in den Freiräumen heute? Nachkriegsmoderne und Architekturqualität – Was ist erhaltenswert und was veränderswert? Nachkriegsmoderne und überlieferter Stadtgrundriss – Was sind die Typologien, auf die zurückgegriffen werden muss, um auf die besonderen Orte der Stadt angemessen zu reagieren? Nachkriegsmoderne und öffentlicher Raum – Wie können die Gestaltqualität und die Nutzungsakzeptanz in den Stadträumen miteinander in Einklang gebracht werden? Nachkriegsmoderne und Nutzungsmischung – Stichwort „Urbane Dichte": Welche Nutzungsmischungen braucht ein urbanes Zentrum und wie sehen zeitgemäße Typologien für das innerstädtische Wohnen und Arbeiten aus?"

Rationale und emotionale Kritik

Zu Beginn der Debatte forderte Michael Braum die Teilnehmer zu einem persönlichen Statement auf. Sie sollten am Beispiel Hannover gelungene und misslungene Beispiele der Nachkriegsmoderne benennen. Dabei zeichnete sich schnell eine Tendenz ab, die für die anschließende Diskussion verbindlich blieb: Unbestritten hat die Nachkriegsmoderne – wie jede vorangegangene Epoche – hervorragende Einzelleistungen hinterlassen,

03 __ Uwe Bodemann. Bauingenieur, Architekt
und Städtebauer. Seit 2007 Stadtbaurat der
Landeshauptstadt Hannover.

04 __ Jörg Springer. Architekt, aufgewachsen in Hannover.
Prämiert im Rahmen des Deutschen Städtebaupreises 2008
zum Thema „Die Stadt der Nachkriegsmoderne".

deren besonderer Status umfassende Würdigung finden sollte, etwa in Form des Denkmalschutzes. Doch je später das Entstehungsdatum der Bauten und je größer das bebaute Volumen, umso schwerer fällt die Akzeptanz. Dies zeigt sich besonders, wenn es um die großen inner- und vorstädtischen Komplexe geht, aber auch um den Städtebau, die Trennung der Funktionen Wohnen, Einkaufen, Arbeiten, Freizeit und das Thema Verkehr.

Stadtbaurat Bodemann nannte das Continental-Hochhaus von Ernst Zinsser „architektonisch sehr schön, nicht nur in der Fassade, sondern als Gebäudeensemble" (vgl. Abb. S. 66). Er lobte die „gelungene Komposition", die sich auch mit der Nachnutzung hervorragend vereinbaren lasse. „Dieses Gebäude hat die Transformation von einem reinen Verwaltungsbau zur Universität ganz gut überstanden, auch das halte ich für ein berechtigtes Qualitätsmerkmal." Bodemanns zweites Positivbeispiel war das Historische Museum, entstanden nach einem Entwurf von Dieter Oesterlen: eine „symbiotische neue Nutzung an einem historischen Ort, unter Einschluss historischer Substanz". Auch hier handelt es sich um einen Bau, der durch Sichtbeton und kubische Massivität seine Entstehungszeit nicht verleugnet, dabei jedoch den Dialog mit dem Vorhandenen sucht (vgl. Abb. S. 21).

Jörg Springer, in Hannover aufgewachsen und mit den Veränderungen der Stadt vertraut, fügte den gelungenen Beispielen noch Gerhard Graubners Hochhaus für das Wissenschafts- und Kultusministerium am Leibnizufer (vgl. Abb. S. 83) hinzu, benannte aber gleich das Dilemma: „Das Problem ist: Wir haben eigentlich hervorragende Einzelarchitekturen, aber die stadträumliche

Einbindung funktioniert nicht." Tatsächlich hatte auch Uwe Bodemann als Negativbeispiele ausschließlich die Folgen der jüngeren Stadtplanung benannt. So riegele beispielsweise der Marstall – der als Parkplatz fungiert – Teile der Altstadt voneinander ab, die stadträumlich zusammengehörten. Veit Görner ergänzte: „Hannover hat einen sensationellen Konkurrenzvorteil gegenüber allen anderen Städten: es ist nämlich fußläufig alles vereint, was man braucht für eine Stadt. Das ist eine Sensation, die ist nur noch nicht bei allen angekommen." Aber als „Katastrophe" sah er den heutigen Zustand der Plätze Steintor (vgl. Abb. S. 82) und Klagesmarkt, „das ganze Zeug hinter dem Bahnhof, der Waterlooplatz, diese Verlassenheit, die Unfähigkeit, dieses Gebilde auch nur fußläufig oder mit dem Fahrrad überqueren zu können."

Damit war eine für den Umgang mit der Nachkriegsmoderne zentrale Frage im Raum: die Monofunktionalität einzelner Stadtgebiete. Veit Görner plädierte dafür, dass beispielsweise die City mehr sein sollte als nur Einkaufszentrum, nämlich: ein vielschichtiger Sozialraum. „Wenn die Kirchen und Vereine leerer werden, dann kommunizieren wir in der Stadt. Wir haben das bei der Fußball-Weltmeisterschaft erlebt. Es ist die Chance, Devianzen zu überbrücken, das heißt, durch das permanente Kennenlernen und das Beteiligtsein an den unterschiedlichen Kulturformen, auch Gegensätzlichkeiten zu überwinden." „Stadt" sei daher der Inbegriff eines kommunikativen Ortes und hierfür sah Görner auch in Hannover Ansätze gegeben: „Vom Bahnhofsvorplatz bis zum Kröpcke. Da sind die Menschen zusammen."

Wahrnehmung und Psychologie

Vom Zentrum der Stadt führte der Blick in die Peripherie und zu den großen Siedlungsstrukturen. Wolfgang Beck kam auf das Ihmezentrum zu sprechen, einen in den späten 1960er Jahren geplanten Wohnkomplex in der Tradition der „new towns" und Trabantenstädte (vgl. Abb. S. 74). Beck begründete seine Fundamentalkritik an diesem Ensemble mit einem theoretischen Einstieg: „Wer sich mit den Utopien des 20. Jahrhunderts beschäftigt, der kommt eigentlich nicht daran vorbei, sich mit der Heterotopologie eines Michel Foucault zu beschäftigen. Und damit nicht nur der Frage ‚Was sind Unorte, nicht existierende Orte' – also Utopien –, sondern auch dafür sensibel zu werden, wie Orte auf Menschen wirken. Welche Wirkungsgeschichte Architektur und Stadtplanung hat", zeige sich für ihn aus eigener Erfahrung als katholischer Pfarrer in Hannover-Linden, „dessen Magenkuhle" durch das Ihmezentrum „gewissermaßen einen gehörigen Schlag" erhalten habe. „Es gibt auch Nachkriegsarchitektur, die definitiv gescheitert ist: Weil sie nicht im Dialog mit ihrer Umwelt oder mit dem Stadtteil steht, in diesem Fall mit dem Stadtzentrum. Weil sie von den Menschen nicht angenommen wird. Weil sie gesellschaftlich tendenziell schädigend wirkt. Ich glaube in aller Härte und in aller Ehrlichkeit muss man das im Hinblick auf manche Orte, manche Gebäude, manche Ensembles klar benennen."

Dem soziologischen „Un-Ort" ohne Identität stellte Adrian von Buttlar ein anderes Betrachtungsmodell von Nachkriegsmoderne entgegen: die ästhetische Sichtweise. Sie fordere den Betrachter auf besondere Weise heraus und mache eine Form der Vorbildung nötig, die den Blick auf die Qualitäten der Details ermöglicht. „Weil es mit der Identitätsstiftung nicht so ganz einfach ist – und mit ‚schön' und ‚hässlich' auch nicht", plädierte Buttlar für die Relativierung von Geschmacksurteilen. Deren Wandlungsfähigkeit habe er selbst erfahren können: „Als Studenten haben wir in München die Gründerzeit gegen die Modernisierung verteidigt. Jetzt verteidigen wir die Moderne gegen den neuen Stuckismus und die Rekonstruktionitis." Psychologie spielte, wie zuvor für Wolfgang Beck, auch für Buttlar eine Rolle: Den unkritischen, oft emotionsgeladenen Umgang mit der Nachkriegsmoderne sah er als Generationenkonflikt. Nach dem „Vatermörder-Effekt", der in den 1970er und 1980er Jahren das Urteil über die vorangegangenen Jahrzehnte bestimmt habe, erfolge nun durch eine jüngere Generation „die Annäherung an die Großeltern."

Die Neubewertung durch einen zweiten, frischen Zugang forderte auch die Landschaftsarchitektin Undine Giseke. Beim Blick auf die „enorme Dimension und die Weitläufigkeit der Räume der Nachkriegsmoderne haben wir immer Funktionalität und Rationalität so stark diskutiert, aber die sinnliche Dimension dieser Räume ausgeblendet. Gelingt es uns, diese sinnliche Kultur sichtbar zu machen, die heute in der Frage von Identitätsbildung und Eigenartsstiftung eine wesentliche Rolle spielt? Ich würde behaupten, dass diese Sinnlichkeit eine vernachlässigte Dimension ist, dass wir listige Strategien brauchen, um sie nachträglich in diese Räume einzuweben und einzufädeln."

05 __ Undine Giseke. Hochschullehrerin an der TU Berlin und Landschaftsarchitektin im Büro bgmr, das sich aktuell mit dem Umgang von Freiräumen im Kontext schrumpfender Städte befasst.

06 __ Adrian von Buttlar. Kunsthistoriker und Hochschullehrer an der TU Berlin. 2007 veröffentlichte er: „Denkmal! Moderne. Architektur der 60er Jahre". Mitglied im Landesdenkmalrat Berlin.

07 __ Veit Görner. Studierter Kunsthistoriker und Erziehungswissenschaftler, Direktor der Kestner-Gesellschaft, Hannover,
zudem Vorsitzender des „Quartier Steintor e.V.", der sich in
die Debatte um den Umgang mit der Stadt einbringt.

08 __ Wolfgang Beck. Studierter Theologe und seit 2005
katholischer Pfarrer im Hannoveraner Stadtteil Linden.

Eine Korrektur des Verkehrskonzepts könnte der
erste Schritt zu einem veränderten städtebaulichen Paradigma sein, das neue Prioritäten setzt.
Giseke glaubte, „dass diese Stadt dann sinnlicher
wird, wenn man sich tatsächlich auf der Ebene
derer bewegt, die den Raum nutzen und [die Pla-
nung] nicht auf die Maschinen, nicht auf die Technik, nicht auf das Auto bezieht, sondern auf den
Menschen, der dort lebt und der als Fußgänger,
als Alltagsmensch den Raum benutzt." Hannover
könnte bei einer solch beherzten Transformation
Vorbildcharakter bekommen. „Eine Stadt, die sich
als Modellstadt einmal ‚Stadt der Nachkriegsmoderne' genannt hat, der wäre es gut angeraten,
wirklich offensive Entwurfs- und Entwicklungsstrategien für diese Art von Räumen zu machen
und nicht auf das Leitbild der traditionellen Stadt
und der kompakten Räume ‚umzuswitchen'." In
diesem Sinne plädierte Giseke explizit für das
„Weiterdenken" als Prozess der Einfühlung in die
Planung der Nachkriegsmoderne.

Gleichzeitig stellte sich heraus, dass ein ent-
scheidender Grundgedanke räumlicher Planung
heute wieder entscheidende Relevanz haben
kann, die in den fünfziger und sechziger Jahren
als „Stadtlandschaft" bezeichnet worden war.
Undine Giseke: „Was war die Idee von ‚Landschaft' gewesen, als diese Stadträume entstanden sind? Die Natur hatte nach einer intensiven
Phase der Kriegszerstörung erst einmal eine Art
‚Heilsbringerbotschaft'. Ich glaube, dass heute
Landschaft in der Stadt etwas ganz anderes ist.
Sie nimmt andere Funktionen wahr, etwa die
Funktion des Ressourcenschutzes, oder sie muss
den Klimawandel ein Stückchen weit mit bewerk-
stelligen. Wenn wir also intensiv darüber nach-

denken, was landschaftliche Zusammenhänge in
der Stadt sind, finden wir neue In-Wert-Setzungs-
elemente für die Gegenwart."

Kurskorrektur durch Sinnlichkeit

Gisekes Überlegungen führten gleich zu mehre-
ren Reaktionen aus dem Publikum. Ein Teilnehmer
versuchte mit seinem Zwischenruf das Gesagte auf eine konkrete Situation zu beziehen und
warnte gleichzeitig davor, Konzepte von „euro-
päischer Stadt" und „Urbanität durch Dichte" zu
nutzen, um die stadträumlichen Strukturen der
Nachkriegsmoderne einzugrenzen: „Ich fände es
gefährlich, wenn das scheinbare Überangebot
an Grünräumen – diese Weite – zu der Schluss-
folgerung führen würde, dass man dieses viele
Grün nur bebauen muss und dann wäre die Stadt
in Ordnung. Mir ist eigentlich heute erst so richtig
deutlich geworden, dass die Grünräume zum Beispiel am Waterlooplatz oder am Leibnizufer (vgl.
Abb. S. 72 und S. 83) darunter leiden, dass sie
zu ‚Verkehrsbegleitgrün' degradiert wurden und
nicht stark genug sind, sich gegen die beherr-
schende Rolle des Verkehrs durchzusetzen. Man
müsste daher viel grundsätzlicher mit der Frage
umgehen, wie man diesen öffentlichen, fließenden Räumen zu einer besseren Gestalt verhelfen
kann – zum Beispiel, indem man am Leibnizufer
die Flusssituation deutlich herausarbeitet und
zwar als ein naturräumlich bedingtes Potenzial."

Michael Braum stellte daraufhin die Frage
nach der Verantwortung: wo öffentliche Räume
transformiert werden sollen, müsse auch „öffentliches Geld in die Hand genommen werden". Hier
sei die Stadtgesellschaft gefragt, die sich auch in

weiteren Wortmeldungen entschieden einbrachte. „Was kann sinnliche Struktur am Leibnizufer bedeuten?", fragte ein weiterer Gast aus dem Publikum und gab zu bedenken: „Das kann doch nur bedeuten, dass man dort Situationen schafft, wo Menschen gerne hingehen, Touristen, Leute, die hier arbeiten, manchmal auch Abgeordnete." Er forderte auf, das Leibnizufer in einen größeren planerischen Zusammenhang zu stellen und das Gebiet in die aktuelle Frage nach der Neugestaltung des niedersächsischen Landtags einzubinden. Dieser Vorschlag, das großmaßstäbliche Denken der Nachkriegsmoderne aufzunehmen, fand erheblichen Zuspruch.

Allerdings warnten Wolfgang Beck und Adrian von Buttlar davor, bei jeder Form der städtischen Neustrukturierung jene Errungenschaft der Nachkriegsmoderne außer Acht zu lassen, die meist am deutlichsten kritisiert wird: den Verkehr. Denn obwohl die heutige Verkehrsdichte allgemein als Problem angesehen wird, hätten sich – gerade in Hannover – die Planungen der fünfziger Jahre als erstaunlich weitsichtig erwiesen. Beck: „Ich freue mich, wenn wir dafür eintreten, Maß zu nehmen an den Bedürfnissen und den Möglichkeiten der Menschen, die Architektur bewohnen und beleben sollen. Und ich möchte das im Hinblick auf den Cityring deutlich machen. Wenn ich mich morgens zwischen sieben und neun auf dem Cityring bewege, merke ich, dass es ein hohes Gut ist, diese sechsspurigen Bahnen in einem Innenstadtbereich zu haben: weil man es innerhalb von einer halben Stunde von einer Seite zur anderen Seite Hannovers schafft. Die Leute, die in dieser Stadt arbeiten, wissen das zu genießen." Auch Verkehr könne Stadt beleben, erklärte Adrian von Buttlar: „Es wurde vorhin der Steintorplatz erwähnt und gesagt: ‚Seit die Straßenbahn weg ist und die Autos nicht mehr fahren, funktioniert er nicht mehr.' Er war ja auch nicht so gedacht. Der Ernst-Reuter-Platz in Berlin ist auch ein reiner Verkehrsplatz. Man muss eben nicht auf jedem Platz sitzen, Pizza essen und Kaffee trinken."

Dass Einfühlungsvermögen in die Ideen des Vorhandenen eher gefragt sind als das Kontrastieren durch neue Konzepte, wurde am Schluss der Veranstaltung deutlich. Undine Giseke ergriff noch einmal das Wort: „Die Nachkriegsmoderne tatsächlich weiter denken heißt, zu verstehen, dass sie für bestimmte Konstellationen gebaut worden ist. Ich glaube: die Weite

ist sozusagen auch eine mentale Weite. Nicht alle Stadtlandschaften sind tatsächlich die großartigen Übersetzungen der ursprünglichen Ideen gewesen. Es gibt große, spröde Räume, die eine Differenzierung sehr gut vertragen könnten – und es wäre spannend, das aus dem Gedanken des modernen Städtebaus zu machen und nicht einfach hilflose Versatzstücke anderer städtebaulicher Leitbilder hinein zu implantieren. Wie können auch punktuell sinnvoll bauliche Ergänzungen vorgenommen werden, um mehr Nutzungsvielfalt hineinzubringen? Ich möchte jetzt hier kein romantisches Partizipationsbild malen, aber ich glaube, dieser Raum kann von denjenigen, die dort wohnen, mitverändert und gestaltet werden. Da sind wir noch ganz am Anfang." Behutsam und respektvoll, gemeinsam mit den Bewohnern der Stadt erweitern und ergänzen – diesem Szenario eines Stadtumbaus schloss sich auch der Stadtbaurat Uwe Bodemann an: „Brauchen wir ein neues Leitbild? Beispielsweise für Hannover? Da würde ich ganz deutlich sagen: Nein. Denn gerade in Zeiten der Konsolidierung helfen die neuen Leitbilder nicht, weil man nie die Chance hat, sie während der Lebenszeiten von Menschen, die diese Leitbilder aufstellen, umzusetzen. Wir können heute im Grunde nur das vorhandene Leitbild qualifizieren – das Leitbild der 1950er und 1960er Jahre im Städtebau."

Pressestimmen

Hannoversche Allgemeine Zeitung, 26. September 2008

Nachgefragt ... | ... bei Prof. Michael Braum, Vorsitzender der Bundesstiftung Baukultur

Herr Prof. Braum, die Bundesstiftung Baukultur fördert Hannovers Innenstadtdialog. Warum?

Weil das Thema, mit dem sich Hannover beschäftigt, bundesweit einmalig ist. Erstmals versucht eine Stadt, einen öffentlichen Dialog über das sperrige Thema der Nachkriegsmoderne in der Stadtentwicklung zu organisieren. Stadtdialoge, also das zielorientierte Gespräch zwischen Fachleuten und Zivilgesellschaft, gibt es zwar schon länger, etwa in Berlin, Zürich oder Potsdam. Sich aber speziell der Frage zu nähern, wie man mit der Nachkriegsgeschichte umgeht und wie man sie weiterdenkt, das ist etwas ganz Besonderes. Ich jedenfalls kenne keine Stadt, die offensiv mit diesem Thema umgeht.

Was macht denn die Nachkriegsmoderne so spannend?

Die Bauphasen nach dem Krieg verursachen im Allgemeinen sehr viel Kritik. Aber eine Diskussion darüber ist nicht rückwärtsgewandt. Der Stadtdialog in Hannover, das wegen der Zerstörung ja stark von Nachkriegsbauten geprägt ist, kann sensibilisieren, wenn ehrlich gefragt wird, wo der Städtebau versagt hat und wo er Chancen eröffnet.

Der Oberbürgermeister warnte aber auch davor, „Wunschschlösser" zu bauen: Am Ende müssen vor allem private Investoren die Ideen umsetzen.

Aber genau darin liegt die große Chance des Stadtdialogs. Sehen Sie: Bisher zählt doch für Investoren vor allem die Frage, ob sich etwas rechnet. Die Städte haben dem nicht viel entgegenzusetzen. Wenn der Investor aber merkt, dass da eine starke Bürgergesellschaft ist, bekommt die Diskussion um Stadtentwicklung eine neue Dimension. Die gesellschaftliche Akzeptanz von Architektur und Städtebau wird auf einmal zum wichtigen Thema. Davon kann eine Stadt nur profitieren.

Interview: Conrad von Meding

Hannoversche Allgemeine Zeitung, 26. September 2008

Mit Schwung in Hannovers Zukunft | Furioser Auftakt: Die Stadt lädt ihre Bürger zum Dialog über die Zukunft ein – und 700 diskutieren mit.

Sitzplätze? Mangelware. Ist das schlimm? Nein. Fast drei Stunden hat Hannovers Stadtgesellschaft dem Auftakt des Dialogs zur Stadtentwicklung 2020 gelauscht, und viele der Besucher verfolgten die Vorträge stehend – die ganze Zeit. Der Platz im großen Auditorium des Sprengel Museums reichte am Mittwochabend bei Weitem nicht aus. Alle waren gekommen, Geschäftsleute und Kulturschaffende, Politiker, die Architekten sowieso, aber auch überzeugte Nordstädter, alteingesessene Stadtbewohner und Stadtrückkehrer, die mitreden wollen bei der Frage, wohin sich Hannover entwickelt.

Rund 250 der 700 Gäste verbrachten den Abend aus Platzmangel auf der Empore im Foyer. Die Stadt ließ ihnen eine Liveübertragung auf eine weiße Museumsmauer projizieren. Hannover kann eben improvisieren. Er sei „nicht unglücklich", dass so viele keinen Sitzplatz gefunden hätten, witzelte Oberbürgermeister Stephan Weil angesichts der Resonanz: „Zur nächsten Veranstaltung gehen wir in den Kuppelsaal, dann aufs Messegelände." Da war das erste Gelächter des Abends garantiert. Es folgten weitere, auch wenn das Thema ernst war. Immerhin geht es um die Entwicklung der Stadt in der nächsten Dekade, um die Frage, wie eine von der Nachkriegszeit geprägte Stadt sich flottmacht für die Zukunft. „Wir wollen den Schwung, den wir jetzt in der Kernstadt haben, nutzen zur weiteren Entwicklung", sagte Weil. Es wird ein Spagat mit dem Stadtdialog, das ist nach dem ersten Abend klar. Die Fachvorträge sind anspruchsvoll, zuweilen fast akademisch, wenn auch in weiten Teilen sehr unterhaltsam vorgetragen. „Wir wollen heute nicht so sehr über einzelne Punkte, über Schwachstellen sprechen", hatte Baudezernent Uwe Bodemann zur Eröffnung gesagt. Viele Besucher aber sind mit konkreten Anliegen gekommen, etwa zur Spielplatzsituation in der Innenstadt oder zur Gastronomie in der Altstadt, wie die spätere Fragerunde zeigt. Doch in diesem Herbst, zum Auftakt von City 2020, geht es in den großen Foren zunächst um Grundsätzliches. Wo kommt Hannover her, wohin kann es sich entwickeln? Was kann Hannover von anderen Städten lernen, wie können die Bürger dabei mitreden? Das Thema ist spannend, kaum jemand verließ vorzeitig den Saal. Trotzdem warnte der Oberbürgermeister: „Stadtentwicklung ist ein langer Prozess, da braucht man gelegentlich Geduld." Und später am Abend schränkte er ein, man dürfe sich „keine Wunschschlösser" bauen. Am Ende des Prozesses, wenn 2010 der internationale Planerwettbewerb abgeschlossen ist, müssten private Investoren gefunden werden, die die Vorschläge auch umsetzen wollen.

Will Hannover beispielsweise Gründerzeitfassaden an Neubauten? Es gebe eine auffällige „Liebe zur Zeit des 19. Jahrhunderts", sagte etwa Prof. Susanne Hauser. Offenbar empfänden viele diese Architektur als „richtig" und was danach kam als „falsch". Sie mahnte aber: „Es sind die Fassaden, die wir schön finden, nicht Aspekte wie Armut, Gehorsam und Enge." Prof. Michael Braum griff das auf: „Es ist die kleinteilige Nutzung, die Parzellierung – daran müssen wir arbeiten. Das ist aber das, was Investoren nicht wollen." Jürgen Eppinger, einer der „Bürgeranwälte" im Forum, gab zurück: Ob es heute nicht schwerer sei als in der Nachkriegszeit, „solche radikalen Prozesse" zu organisieren? Nein, sagte Braum: „Was in der Nachkriegszeit an städtebaulichen Problemen da war, hatte ganz andere Dimensionen als heute." Doch damals habe es „die Kraft der Vision" gegeben. Deshalb müsse die Stadtgesellschaft heute einen „politischen Konsens schaffen, politischen Mut haben, bestimmte Dinge zu denken".

Prof. Werner Durth aus Darmstadt sprach sich indessen dagegen aus, bei Debatten über Stadtentwicklung „immer sofort ans Bauen, ans Nachverdichten zu denken". Die Qualität gerade in Städten wie Hannover liege im öffentlichen Freiraum: „Sie brauchen Fingerspitzengefühl für Freiräume."

Mit Leidenschaft zum Umbau

In städtebaulicher Hinsicht habe die Stadt „nicht alles gehalten, was sie versprochen hat", sagte Prof. Michael Braum zu einem Foto des Ihme-Zentrums. Später zeigte Braum noch Bilder vom Kröpcke-Center, von der Innenstadt („unverhältnismäßig hohe Konzentration von Kauf- und Parkhäusern"), des Maritim Grand Hotels am Rathaus („banale Architektur") und der Raschplatz-Hochstraße. Der Professor kennt Hannover: Jahrelang hat er hier an der Architekturfakultät der Uni gelehrt. Jetzt ist Braum Vorsitzender der Bundesstiftung Baukultur. Das ermöglicht ihm einen Blick von außen auf die Stadt. Und das erlaubt ihm auch, die Qualitäten der Nachkriegsbauten in Hannover hervorzuheben.

„In den fünfziger und sechziger Jahren wurde höchst differenziert gebaut", sagte Braum und nannte ausdrücklich den Architekten Zinsser. Diese Qualitäten müsse Hannover nutzen, wenn es wieder einen „radikalen und anspruchsvollen Umbau" wagen wolle. Er empfiehlt der Stadt den Rückbau von Verkehrsachsen zu Stadtteilplätzen und die „Abwendung von der autistischen, selbstreferentiellen Architektur" hin zu kleinteiligen Strukturen mit anspruchsvollen Bauten. „Wohnen statt Parken" rät er für Innenstadtplätze wie Köbelinger Markt oder Marstall. Man müsse den Mut haben, sich von Gebäuden „zu verabschieden", wenn sie wie das Kröpcke-Center „das Umfeld der Oper zerstören". Die weitere Bebauung am Steintor hält Braum für „mutig". Vor allem aber müsse die Stadtgesellschaft „mit Leidenschaft" den Stadtumbau angehen: „Dann ist Stadtbauqualität in Sicht."

Conrad von Meding

Neue Presse Hannover, 26. September 2008

Ideen für eine neue Identität | „Hannover City 2020": 700 wollen beim Auftakt mitdiskutieren

Startschuss für die Zukunft: 700 Menschen kamen Mittwochabend ins Sprengel Museum, um mitzureden bei „Hannover City 2020". Worum geht es? „Ideen produzieren, Leitbilder finden", erklärte OB Stephan Weil. Die Hannoveraner sollen daran beteiligt werden, sogenannte „Interventionsstandorte" herauszukristallisieren, für die 2010 ein Planungswettbewerb beginnt. Auch Studenten der Leibniz-Uni denken an die Zukunft: Sie präsentierten Modelle für die Leine-Insel.

„Der beste Weg, die Zukunft vorauszusagen, ist, sie zu gestalten." Das hat der ehemalige Bundeskanzler Willy Brandt gesagt. Hannover hält sich dran. Das Auditorium des Sprengel Museum war überfüllt, die Auftakt-Veranstaltung von „Hannover City 2020" wurde zusätzlich auf eine Leinwand übertragen. Mitmachen, mitreden. OB Stephan Weil war angetan vom großen Interesse. Anregungen von außen holen – das ist neben dem „öffentlichen Diskurs" einer der Pfeiler des Projektes, mit dem der neue Baudezernent Uwe Bodemann den „enormen Schub der vergangenen 15 Jahre verstetigen" will.

Der Blick zurück: Professor Werner Durth von der Technischen Universität Darmstadt hielt eine Lehrstunde in Sachen Verständnis für Hannovers Nachkriegsarchitektur. Der Bombenteppich im Zweiten Weltkrieg hatte die Stadt ausradiert und 350 000 Menschen obdachlos gemacht. Für Stadtplaner Rudolf Hillebrecht in den 50er Jahren der Grund, Hannover aufzulockern, zu gliedern, die Bevölkerung aus der City in die Außenbezirke zu lotsen. „Es wird immer sofort ans Bauen gedacht", mahnte Durth.

„Aber die Großzügigkeit, die Freiräume sind auch Qualitäten."

Die Identität: Alle reden davon, alle suchen sie. Susanne Hauser, Professorin an der Berliner Universität der Künste, sagte, „Lebenskultur und ausgeprägter Eigensinn" einer Stadt seien wichtig, erfahrbar durch Mythen, Legenden, Klischees, geteilte Emotionen. „Identität ist keine reine Oberfläche." Die Provokation: Professor Michael Braum von der Bundesstiftung Baukultur fand deutliche Worte. Er geißelte Hannovers „autistische" Architektur an manchen Schandflecken und forderte den radikalen Abschied von Strukturen und Gebäuden. Seine Lieblingsthemen: Steintor, City-Ring, Raschplatz. „Man kann aus Hannover nicht wieder die Stadt des 19. Jahrhunderts machen." Aber man müsse die „Kraft haben, Fehler zu korrigieren".

„Jemand, der provoziert und gegen den Strich bürstet – das gehört zu so einem Projekt dazu", urteilte SPD-Baupolitiker Thomas Hermann über Braums Thesen. „Wir wollen ja nicht im eigenen Saft diskutieren." „Kritikpunkte liegen ja bereits vor – und zwar zu Recht", sagt CDU-Mann Dieter Küßner in Anspielung auf ein 40-seitiges Papier der drei Dialogmoderatoren Hans Werner Dannowski, Rolf Wernstedt und Jürgen Eppinger. „Jetzt muss die Diskussion in Gang kommen." Die Passerellenumgestaltung, der Ernst-August-Platz oder die ECE-Galerie sind Pluspunkte der Vergangenheit, Projekte wie Opernplatz, Rosenquartier und Lange Laube Zukunftswegweiser: „Wir fangen nicht bei null an", sagte OB Weil, „aber wir wollen den Schwung nutzen."

Andrea Tratner

Hannoversche Allgemeine Zeitung, 11. Dezember 2008

Experten mahnen Debatte an

Kritik am Vorgehen des Landtags, der den Nachkriegsplenarsaal am Leineschloss abreißen und sich für 45 Millionen Euro einen Neubau errichten will, kommt jetzt auch von der Bundesstiftung Baukultur.

„Ich habe den Eindruck, dass hier ein Entscheidungsdruck aufgebaut wird, für den ich keinen Grund sehe", sagte der Vorstandsvorsitzende der Bundesstiftung, Architekturprofessor Michael Braum, gestern am Rande einer Veranstaltung zur Stadtentwicklung

in Hannover. Auch der Vorstand der Architektenkammer Niedersachsen hat sich für einen „respektvolleren Umgang" mit dem Gebäude ausgesprochen. Beide Organisationen plädieren dafür, die in einer interfraktionellen Landtagsrunde erfolgte Vorfestlegung zum Abriss rückgängig zu machen.

Prof. Braum mahnt eine öffentliche Debatte über die Bedeutung des Plenarsaals an. Dem Architekten Dieter Oesterlen sei es gelungen, Brüche im Demokratieverständnis deutlich zu machen, sein Bauwerk habe daher eine konstruktive Debatte verdient. Zwar gelte auch für den Plenarsaal, dass „kein Gebäude für die Ewigkeit gebaut" werde. Wenn die Landespolitik aber von Historikern, Architekten und etlichen anderen Interessengruppen deutlichen Widerspruch zu der Abrissentscheidung vernehme, sei dies ein Signal, dass eine öffentliche Debatte nötig sei. "Hinter verschlossenen Türen" sämtliche Vorentscheidungen zu fällen sei „keine Baukultur", kritisierte

Braum. Auch Architektenkammerpräsident Wolfgang Schneider betont, dass ein „politisch vorgegebener" Abriss „weder aus architektonischer noch aus gesellschaftspolitischer Sicht eine überzeugende Lösung" sei. Die Architekten fordern einen Wettbewerb, bei dem ihre Zunft Lösungen entwickeln darf, die den bisherigen Plenarsaal erhalten und einbeziehen. Das sei möglicherweise auch wirtschaftlicher und führe zudem dazu, dass das Land seinen eigenen Denkmalschutz nicht konterkariere.

Conrad von Meding

Hannoversche Allgemeine Zeitung, 12. Dezember 2008

Die Suche nach der Sinnlichkeit

Fachleute halten die Architektur der Nachkriegszeit für ein hochwertiges Erbe – und doch fehlt etwas in Hannover. Den Dialog über die City 2020 haben viele Bürger mit großem Interesse verfolgt.

Die Experten auf dem Podium sind sich einig, und auch aus dem Publikum kommt kein Widerspruch: Hannovers Nachkriegsarchitektur hat eine deutschlandweit wohl einmalige Qualität. Kaum irgendwo sonst wurde mit derartiger Konsequenz eine Stadt neu und mit so grundsätzlichen Überlegungen aufgebaut, wie Stadtbaurat Rudolf Hillebrecht das ab 1945 in Hannover getan hat. Die Fachwelt schwärmt über die klaren Formen und die Funktionalität der Architektur in Hannover. Und trotzdem – oder deshalb – fehlt den Menschen etwas in der Stadt, vermissen sie Wärme und Identität Stiftendes, verzweifeln sie zuweilen an der schier unnutzbaren Größe der Innenstadträume und der Funktionalität der gerasterten Nachkriegsfassaden.

Zum vierten und vorerst letzten großen Forum des Stadtdialogs „Hannover City 2020" waren erneut an die 700 Besucher ins Sprengel Museum gekommen, ein Andrang, der den auswärtigen Referenten mehr als einmal Respekt abverlangt. „Das kenne ich aus Hamburg nicht, dass die Räume so voll sind, wenn über Architektur und Stadtentwicklung gesprochen wird", staunt Gastreferent Prof. Christian Farenholtz. Und als Prof. Michael Braum von der mitveranstaltenden Bundesstiftung Baukultur den Satz von der „schönsten Stadt der Welt" zitiert, gibt es spontanen Applaus. Zusammen mit dem unverhohlenen Gemurre über einen Exberliner, der über Hannover nörgelte, war das das vielleicht deutlichste Zeichen des immer stärker erwachenden Selbstbewusstseins der hannoverschen Stadtgesellschaft.

„Nachkriegsmoderne weiterdenken" lautete das Thema des Abends, und Bauhistoriker Sid Auffarth zeigte anhand von Bildvergleichen des Marstalls mit der etwa gleich breiten Piazza Navona in Rom, wie unterschiedlich Plätze sein können: hier ein „autogerechter" Großparkplatz mitten in der Innenstadt, dort ein quirliger Touristenmagnet mit Cafés und Pizzabäckern. „Wir sollten über eine neue Möblierung des Platzes nachdenken", forderte Auffarth auf – und die Provokation ging auf.

„Man muss nicht auf jedem Platz Pizza essen und Kaffee trinken können", konterte Kunsthistoriker Prof. Adrian von Buttlar: „So viel Geld verdienen die Leute ja auch nicht." Und Stadtbaurat Uwe Bodemann zweifelte, ob die Probleme des Platzes sich „mit Möblierung bewältigen lassen". An der gesamten Achse von Klagesmarkt, Nikolaifriedhof, Steintorplatz und Marstall müsse in den nächsten Jahren intensiv gearbeitet werden.

Bodemann lobte hingegen die Qualität der Nachkriegsbauten wie etwa das Conti-Hochhaus von Architekt Zinsser, das Historische Museum von Oesterlen oder den heute von der Sparkasse genutzten Bau am Aegi als beeindruckende Zeugnisse der Nachkriegsarchitektur, die sich unter anderem auch dadurch bewährt habe, dass sie zum Teil schon „Transformationen" für neue Nutzungen erfolgreich bewältigt haben: Das Conti-Hochhaus, „Verwaltungsbau für Gummibosse", ist jetzt Universität, die Sparkasse war einst Sitz der Magdeburger Versicherung.

Aber genügt das Lob der Fachleute über gelungene Architektur, wenn die Menschen sich damit nicht wohlfühlen? Der Lindener Pfarrer Wolfgang Beck erdete die Diskussion mit seinem Einwand, ein Bauwerk wie das Ihme-Zentrum sei „ein Schlag in die Magengrube" eines Stadtteils: „Es gibt auch gescheiterte Nachkriegsarchitektur, die gesellschaftlich schädigend wirkt." Dem mochte niemand widersprechen – Kunsthistoriker von Buttlar warnte allerdings vor dem klassischen „Vatermördereffekt": Nahezu jede Generation verurteile stets das, was die Vorgänger gebaut haben – und die Kinder trauerten dann dem zerstörten Architekturerbe hinterher.

Zunehmend schälte sich im Laufe des Abends aber die Erkenntnis heraus, dass die echte Nachkriegsarchitektur Hannovers, also die Bauten der fünfziger und sechziger Jahre, ohnehin nicht das Problem sind, sondern wegen ihrer hohen Qualität zumeist sogar eher eine Chance bergen. Hannover habe „eine hervorragende Nachkriegsarchitektur, aber die stadträumliche Einbindung funktioniert nicht", brachte es Architekt Jörg Springer auf den Punkt.

Auch Landschaftsarchitektin Prof. Undine Giseke aus Berlin fühlte sich nahezu erschlagen von der „enormen Dimension und Weitläufigkeit der Stadträume" in Hannover. Als Zeugnis der Nachkriegsmoderne spiegelten die Flächen zwar eine hohe Funktionalität, „aber die sinnliche Qualität ist ausgeblendet", sagte Giseke und schob die Begründung gleich nach: „Vielleicht spielte bei der Produktion dieser Stadt nach dem Krieg die Sinnlichkeit einfach gar keine Rolle." Es bedürfe „listiger Strategien", um die vernachlässigte Dimension der Sinnlichkeit nachträglich in den Stadtraum einzuweben.

Wie genau das funktionieren soll, das blieb auch an diesem Abend offen. Aber dafür gibt es in zwei Jahren ja auch einen großen Wettbewerb, in dem Teilräume der Stadt von Architektenteams neu überplant werden dürfen. Baudezernent Bodemann stellte schon einmal klar, dass die Stadt die Chance nutzen werde, ihr Erbe aus der Nachkriegsmoderne weiterzuentwickeln, wo es sinnvoll scheine. Wo das aber nicht möglich sei, werde auch rigoros umgebaut – etwa bei den Verkehrswegen: „Für mich ist es eine Frage der Kultur, ob wir in der Innenstadt sechsspurige Autobahnen brauchen."

Conrad von Meding

Die Welt, 2. Januar 2009

Ikone der Nachkriegsmoderne

Das architektonische Erbe Hannovers ist in Gefahr – das behauptete nun jedenfalls eine Tagung.

Wie schön, wie faszinierend, wie zukunftsfähig ist Hannover? Darüber scheinen die Meinungen auch in der Leinestadt selbst weit auseinander zu gehen. Als jetzt der Vorstandsvorsitzende der Bundesstiftung Baukultur, Prof. Michael Braum, vor voll besetztem Saal im Sprengelmuseum ein in der Hauptstadt Niedersachsens geflügeltes Wort zu zitieren wagte: „Hannover ist die schönste Stadt der Welt", antwortete ihm das Publikum mit dankbar-amüsiertem Beifall.

Dann freilich überwogen eher die ernsten Töne. Denn Hannovers Bauelite, im Publikum vertreten durch starke Bataillone der Technischen Universität, sieht das architektonische Erbe dieser Pionierstadt der Nachkriegsmoderne in Gefahr. Gerade wird in Hannover heftig über einen drohenden Umbau des Plenarsaals von Dieter Oesterlen (1911–1994) gestritten, der als Haupt der „Braunschweiger Schule" über Jahrzehnte die Auffassungen von einem der Moderne verpflichteten Wiederaufbau deutscher Städte geprägt hatte. Der Umbau des Leineschlosses zum Sitz des Niedersächsischen Landtags gehört zu seinen maßstabsetzenden Werken.

Noch weit einflussreicher hat sich der Heros des Nachkriegsstädtebaus Rudolf Hillebrecht erwiesen, ein Mann aus den Wiederaufbaustäben des Chefarchitekten Hitlers, Albert Speer, dem Hannover die bis heute in Planerkreisen hoch angesehene weiträumige Ausgestaltung des gänzlich neu angelegten Straßennetzes verdankt. Das „Wunder von Hannover", wie es lange in internationalen Planerkreisen gepriesen wurde, resultierte aus der Kühnheit, ein fast laborhaft reines Modell der autogerechten Stadt zu entwickeln – eine Vorgabe, die bald europaweit Nachahmung fand. Wenn Hillebrecht dabei in der „Zerstörung die Chance für einen Beginn zu Neuem" sah, war es ehrlich und keineswegs zynisch gemeint. Erst das Bombardement hatte die Möglichkeit eröffnet, Visionen zu realisieren, wie sie schon in den Zwanzigerjahren der große Vordenker eines neuen Städtebaus, Le Corbusier, zu Papier gebracht hatte und wie sie gegen Ende des Krieges in das epochemachende Werk von Johannes Göderitz „Die aufgelockerte und gegliederte Stadt" eingegangen waren.

Doch mit den Zeiten wandelten sich auch die Auffassungen. Wie Oesterlens architektonische Hinterlassenschaften steht heute auch Hillebrechts

Wunder auf dem Prüfstand eines an neuen Prioritäten und Zielsetzungen ausgerichteten Städtebaus. Unversehens rückt damit die Stadt Hannover als eine Ikone der Nachkriegsmoderne neben die unzähligen Rekonstruktionsprojekte historischer Stadtbilder, die plötzlich die Öffentlichkeit in Deutschland mehr als das Neubaugeschehen beschäftigen.

Deshalb das Interesse der Stiftung Baukultur, die hier einen exemplarischen Fall für Dutzende anderer Städte in Deutschland sieht. Die Stiftung und das hannoversche Baudezernat als Veranstalter hatten die Losung ausgegeben: „Nachkriegsmoderne weiterdenken" – und schienen sich selbst nicht bewusst gemacht zu haben, dass dies ein Widerspruch in sich ist. Denn mit diesem Weiterdenken verlässt man unweigerlich den Zeithorizont, der die Besonderheit dieses Neuanfangs, ja seine Bedeutung erst recht eigentlich ausmacht. Manches, was da vor dem architektonisch gebildeten Hannoverpublikum vorgetragen wurde, streifte ungewollt den Bereich der Parodie. Die Debattenredner ließen kaum ein gutes Haar an den gleichzeitig von ihnen mit soviel Herzblut verteidigten Schöpfungen der Pioniere – und übertrafen sich gegenseitig im Eifer, diese durch Modifizierung abzuwandeln.

Da war Christian Farenholtz (86), der selbst noch unter Werner Hebebrand (1899–1966) an Hamburg-Neu Altona mitgebaut hatte und nun eingestand: „Es war eine Illusion. Der Grünzug trennt, statt zu verbinden." Da war der hannoversche Architekt Sid Auffahrt, der die „leeren Flächen" in der Innenstadt, die Funktionstrennung von Wohnen und Arbeiten und die Gestaltlosigkeit öffentlicher Plätze wie des Steintorplatzes beklagte. Da war der Direktor der Kestnergesellschaft Veit Görner, der städtebauliche „Katastrophen" und „schlechte Architektur" ausmachte und Beifall für sein Bonmot erntete, das neue ECE-Center sei nichts als ein „steingewordner Otto-Versand-Katalog".

Bei soviel grundsätzlichen Mängeln - was macht da heute noch die Faszination jener Nachkriegsmoderne aus? In Hannover drängte sich der Eindruck auf: nur allein der Umstand, dass sie mit jeder Vergangenheit gebrochen und den Architekten und Planern fast unbegrenzte Freiheiten erstritten hat. Doch wer mehr Wohnen in die City bringen (Auffahrt), die Stadt als Heimat entwickeln, „nicht auf die Maschine, die Technik, das Auto, sondern auf den Menschen setzen" will (Giseke), der restauriert und konstruiert eben nicht Bilder der Nachkriegsmoderne, sondern des späten 20., ja des frühen 21. Jahrhunderts.

Gar nicht so falsch lag da der Berliner Kunstwissenschaftler Adrian von Buttlar, als er die zwischen Nostalgie und Fundamentalkritik hin und her gerissene Versammlung von „Vatermörderaffekten" geschüttelt sah. Nur, eine Lösung außer einem wirklichkeitsblinden „Zurück" konnte auch er nicht präsentieren. Denn so heftig ihm die Jünger im Saal auch applaudierten, als er am Beispiel des zugigen, menschenleeren Ernst-Reuter-Platzes in Berlin dozierte: „Man muss ja nicht auf jedem Platz sitzen und Pizza essen", flüchtete sich sein Publikum in befreiendes Lachen, als habe der Mentor einer verantwortungsvollen Denkmalpflege mit einer kabarettistischen Einlage aufgewartet. Wenn aber schon das Fachpublikum so reagiert – wie wird man erwarten können, dass sich die Stadtbürger von heute um der Rettung eines „utopischen Konzeptes der Gesellschaft" (v. Buttlar) willen Lebensformen der Nachkriegszeit vorschreiben lassen?

Bei aller Anstrengung scheint sich gerade das nicht rekonstruieren oder auch nur festhalten zu lassen, was einmal trotzige Überlebensphilosophie der „ersten Stunde" war. In Berlin hat man das schon vor 20 Jahren begriffen, als man dem Scharounschen Urstromtal endgültig den Rücken zukehrte. Dabei ist es gerade Rudolf Hillebrecht gewesen, der seiner Stadt Hannover „für künftige Generationen einen weiten Spielraum noch ungeahnter und unbekannter Gestaltungsmöglichkeiten" zu eröffnen meinte. Moderne in diesem Sinne weiterdenken heißt, sich nicht an dem festhalten, was sich nicht bewährt hat, selbst wenn die Fragmente des Gestern damit ausgelöscht werden.

Dankwart Guratzsch

Michael Braum

Nachkriegsmoderne weiterdenken
Sechs Thesen

Die Nachkriegsmoderne wird unterschiedlich wahrgenommen und bewertet. Dabei fällt auf, dass vor allem in der Fachöffentlichkeit Fürsprecher für die städtebaulichen wie architektonischen Qualitäten der Nachkriegsmoderne zu finden sind und dass in der breiten Öffentlichkeit die jüngere Generation scheinbar vielfältigere Entwicklungspotenziale erkennen kann als die ältere Generation. Dieses Phänomen aufgreifend bedarf es sowohl bundesweit als auch lokal eines breiten Dialogs über die Qualitäten und möglichen Identifikationspotenziale der Stadt-

räume aus der Nachkriegszeit. Dieser Herausforderung stellt sich die Bundesstiftung Baukultur.

Die Dimension der Freiräume wurde bisher vor allem unter Funktionalitätsaspekten diskutiert; die sinnliche Ebene wird in der Debatte im Allgemeinen vernachlässigt. Die Weitläufigkeit der Freiräume führt unbestritten zu einem Mangel an wahrnehmbaren Vernetzungen benachbarter Quartiere. Sie für die Stadt in Wert zu setzen, kann nur durch eine grundsätzliche Neudefinition der Ideen von Freiraum in der Stadt gelingen.

01 __ Großmaßstäbliche Stadtreparatur am Cityring als Mischung aus Bauskulptur und Blockrandschließung.
Norddeutsche Landesbank, Hannover. Entwurf: Behnisch Architekten, 2002.

02__ Von der Verkehrsachse der Nachkriegszeit zur urbanen Dichte. Neue Mitte, Ulm, mit Sparkasse und Kaufhaus „Münstertor".
Entwurf: Stephan Braunfels, 2006. Städtebaulicher Rahmenplan: Arbeitsgemeinschaft Guther, Lutz und Dr. Schenk 1998.

Um diesen weiten Räumen nachträglich „sinnliche Qualitäten einzuweben", sind innovative und „listige" Planungs-, Gestaltungs- und Nutzungs-Strategien nötig.

In der Regel prägen überdimensionierte Verkehrsschneisen mit ihrer für den Autoverkehr optimierten Gestaltung zentrale Schlüsselbereiche in der Stadt der Nachkriegsmoderne. Diese in einem urbanen Verständnis stadtverträglich zurückzubauen, ist eine zentrale Herausforderung. Verkehrsbänder mit Transitfunktion, die mehr trennen als verbinden, müssen als Teil des urbanen Netzwerkes verstanden und gestaltet werden. Nur so werden die öffentlichen Räume zu lebendigen und vielfältigen Stadträumen. Dabei wird das Nebeneinander unterschiedlicher Verkehrsarten ein belebendes städtisches Element sein.

In einem engen thematischen Zusammenhang damit steht die überkommene Funktionstrennung von Wohnen, Einkaufen, Arbeiten und Erholen und die daraus resultierende Monofunktionalität der Stadtgebiete selbst. Als besonders problematisch erweisen sich in diesem Kontext städtebauliche Megastrukturen, die nicht zuletzt aufgrund ihrer abweisenden Erdgeschossgestaltung mangelhaft mit der umgebenden Stadt vernetzt sind.

Um diese unterschiedlichen architektonischen und stadträumlichen Aufgaben in größere planerische Zusammenhänge einzubinden, bedarf es Entwicklungsstrategien, die Fragen des städtebaulichen Kontextes vor die Beantwortung architektonischer Fragen stellen. Die wesentliche Herausforderung liegt darin, das städtebauliche und architektonische Erbe unter Berücksichtigung der unterschiedlichen Zeitschichten weiter-

zuentwickeln, um Mängel in der Stadtstruktur zu korrigieren. Dies erfordert an den richtigen Stellen Respekt vor der Nachkriegsmoderne, insbesondere ihrer architektonischen Qualität, aber auch ihrer städtebaulichen Haltung. Dabei erscheint ein innovatives Interpretieren der Ideengeschichte des modernen Städtebaus und dessen Weiterentwicklung als Weg, um Städte bzw. Stadtlandschaft zukunftsfähig umzubauen. Dazu bedarf es einiger Regeln:

1.

Aus Zäsuren und Leerräumen, ob verkehrlich oder ökologisch bedingt, müssen Verbindungen werden. Die Stadt der Wissensgesellschaft und Kreativwirtschaft ist ein Netzwerk, das auf vielfältig nutzbaren Raumtypologien aufbaut.

03 __ Neuinterpretation des innerstädtischen Stadt- und Verkehrsraums durch architektonische Intervention. Kunstmuseum, Stuttgart. Entwurf: Hascher Jehle, 2004.

04 __ Aktualisierung des modernen Formenkanons. Universitätsgebäude, Leipzig. Entwurf: Behet Bondzio Lin, 2009.

05 __ Umfassende Anpassung an aktuelle ökologische und ästhetische Standards. Siedlung Altenhagener Weg, Hamburg. Entwurf: Springer Architekten, 2008.

2.

Eine bewohnergerechte statt einer verkehrsgerechten Stadt erfordert den Rückbau von Straßen und die Herstellung eines differenzierten Netzes öffentlicher Räume. Verkehrsräume müssen zu Aufenthaltsräumen werden.

3.

Statt austauschbar gestalteter verkehrsberuhigter Bereiche und Fußgängerzonen müssen differenziert gestaltete Gassen, Straßen und Plätze, die einem dem Ort angemessenen Gestalttypus entspringen, das Raumgerüst der Stadt prägen.

06 __ Transformation eines Büro- und Laborgebäudes aus den 1950er Jahren. Wohngebäude Quant, Stuttgart.
Entwurf: Wilford Schupp. Zustand vor und nach dem Umbau 2007.

4.
An die Stelle einer selbstreferenziellen Architektur müssen wieder Qualitäten kleinteiliger und veränderbarer Stadtbausteine treten, die sich im gesellschaftlichen und kulturellen Wandel unterschiedlichen Nutzungsanforderungen anzupassen vermögen.

5.
Zur Entwicklung einer lebendigen und demzufolge gemischt genutzten Innenstadt muss das Wohnen gestärkt werden. Dies erfordert den Entwurf urbaner Wohnhaustypologien.

07 __ Rückbau in die Zukunft. Lausitz-Tower, Hoyerswerda. Entwurf: Muck Petzet, 2007.

6.

Bei aller Behutsamkeit gilt es in der städtebauli-chen Weiterentwicklung auch wieder ein wenig von dem Mut der Planer der Nachkriegsmoder-ne zu antizipieren. Das heißt nicht, dass wir die städtebaulichen Fehler der Stadtlandschaft im Nachhinein sanktionieren. Es heißt aber auch nicht, dass wir die Stadt des 21. Jahrhunderts ausschließlich mit dem Repertoire des ausgehen-den 19. Jahrhunderts weiterdenken können. Wir müssen vielmehr den räumlichen Zusammenhang neu qualifizieren. Dieser erklärt sich aus dem Zusammenspiel zwischen dem Gebauten, dem Zwischenraum und der Nutzung.

Erst wenn Städte die Herausforderungen des anstehenden Stadtumbaus mit dem Mut und der Leidenschaft der Planer und Architekten des Wiederaufbaus unter Berücksichtigung der zeit-gemäßen Anforderungen an die Stadt des 21. Jahrhunderts wirklich annehmen, ist „Stadt-BauKultur" in Sicht. Ganzheitliche Ansprüche an die Qualitäten des Vorhandenen, ein verantwor-tungsvoller Umgang mit der eigenen Geschichte in all ihren Facetten, sowie die Suche nach dem Neuen in Einklang mit den Ressourcen sind kein Luxus, sondern zukunftsgerichtete Selbstverge-wisserung.

08 __ Denkmalgerechte Sanierung. Rathaus Offenbach am Main.
Entwurf: Wolf Maier, Reiner Graf und Max Speidel, 1961–1969. Blick in die Eingangshalle.

Autoren

Sid Auffarth

Jahrgang 1938. Maurerlehre, Studium der Architektur in Hannover und Zürich, nach kurzer Büropraxis über dreißig Jahre lang Forschung und Lehre an der Universität Hannover zu Themen der Bau- und Stadtbaugeschichte. Promovierte über Typologien und Strukturen in der Alltagsarchitektur.

Michael Braum

Jahrgang 1953. Studium der Stadt-, Regionalplanung und Architektur. Wissenschaftlicher Mitarbeiter an der TU Berlin. 1996 Gründung des Büros Conradi, Braum & Bockhorst, 2006 Gründung des Büros Michael Braum und Partner. Seit 1998 Professor für Städtebau und Entwerfen an der Leibniz Universität Hannover. Seit 2008 Vorstandsvorsitzender der Bundesstiftung Baukultur. Veröffentlichungen zum Städtebau und zur Stadtentwicklung.

Christian Farenholtz

Jahrgang 1923, Studium 1945–1950 in Braunschweig bei Friedrich Wilhelm Kraemer und Johannes Göderitz. Dann Industrie- und Wohnungsbau in Goslar, Stadtplanung in Lübeck (Promotion) und Hamburg. 1965 in Stuttgart als Stadtbaurat „Baubürgermeister". Danach in Hamburg Chef der Forschungsgruppe GEWOS. Schließlich Aufbau des Studienganges Stadtplanung an der neuen Technischen Universität in Hamburg-Harburg. Zahlreiche Veröffentlichungen.

Bernhard Heitele

Jahrgang 1971. Studium der Architektur an der Universität Stuttgart. Mitarbeiter im Stadtplanungsbüro raumbureau in Stuttgart. 2003-2008 wissenschaftlicher Mitarbeiter am Lehrstuhl Stadtplanung und Raumgestaltung der BTU Cottbus. Seit 2009 freier Projektmitarbeiter der Bundesstiftung Baukultur. Veröffentlichungen zum Städtebau und zur Stadtentwicklung.

Dieter Hoffmann-Axthelm

Jahrgang 1940. Studium der Theologie, Philosophie und Geschichte, 1972–1974 Assistent an der Technischen Universität Berlin, seitdem freiberuflich als Publizist und Planer tätig.

Jürgen Tietz

Jahrgang 1964. Studium der Kunstgeschichte in Berlin. Arbeitet als freier Architekturhistoriker und -kritiker u.a für die NZZ, den Tagesspiegel und zahlreiche Fachzeitschriften. 1999 Journalistenpreis des Deutschen Nationalkomitees für Denkmalschutz. Jüngste Buchveröffentlichung: „Was ist gute Architektur?" (2006).

Christian Welzbacher

Jahrgang 1970. Studium der Kunstgeschichte und Germanistik. Freier Journalist u. a. für FAZ und SZ. 2000 Kritiker-Förderpreis der Bundesarchitektenkammer, 2005 Theodor-Fischer-Preis. Jüngste Veröffentlichungen: „Edwin Redslob. Biografie eines unverbesserlichen Idealisten" und „Euroislam-Architektur. Die neuen Moscheen des Abendlandes".

Bildnachweis

Akademie der Künste Berlin, Archiv Abteilung Baukunst: 15 rechts, 18, 36, 37, 48, 60, 61. Architekturmuseum der Technischen Universität Berlin: 10, 12 unten, 16, 17, 43. Archiv Sid Auffarth, Hannover: 70 unten, 71 unten, 80, 81 oben, 82 links, 83 oben, 84, 85, 86. Archiv Christian Farenholtz, Hamburg: 26, 29, 30, 31, 32, 33, 34 oben, 35. Archiv Christian Welzbacher, Berlin: 22 oben, 49 unten, 56/57. Roel Backaert, Amsterdam: 107. Bayerisches Landesamt für Denkmalpflege, München: 14 rechts, 20 links. Behet Bondzio Lin Architekten, Münster (Foto: Klaus F. Linscheid): 103, rechts. Behnisch Architekten, Stuttgart und Nord/LB (Foto: Roland Halbe): 101. Bildarchiv Historisches Museum Hannover: 71 oben, 72 unten. Bundesarchiv, Berlin, Bild 1833-N1212-0016: 47 oben (Foto: Steinberg). Wiebke Dürholt, Potsdam: 19 links, 24, 58, 74 unten. Hascher Jehle, Stuttgart (Foto: Roland Halbe): 103 links. Hannover Tourismus Service: 75 (Foto rechts: Arnulf Piontek), 82 rechts, 89. Haus der Stadtgeschichte, Offenbach am Main: 39. HAZ-Hauschild-Archiv im Historischen Museum, Hannover: 74 oben. Kirchengemeinde St. Adalbert, Hannover: 15 links. KSP Engel und Zimmermann Architekten, Braunschweig: 25 (Foto unten: Achim Reissner). Landtag Baden-Württemberg, Stuttgart: 14 links. Landesamt für Denkmalpflege, Berlin: 52, 65. Landeshauptstadt Hannover/Bereich Geoinformation (Foto: Ralf Kirchhof): 88, 90, 91, 92. mbup: 76. Muck Petzet Architekten, München (Foto: Future Documentation / EO): 106. Schleswig-Holsteinisches Landesamt für Denkmalpflege, Kiel: 64 oben und unten links. Senatsverwaltung für Stadtentwicklung, Berlin: 47 unten. SLUB/Deutsche Fotothek, Dresden: 12 oben, 19 rechts, 62 unten, 63. Springer Architekten, Berlin: 104 (Foto unten: Bernd Hiepe). Stadtarchiv, Crailsheim: 36. Stadt Frankfurt am Main: 64 unten rechts. Stadt Hannover/Medienserver: 21 (Foto links: Alexandra Rust, rechts: Torsten Krüger) 78, 83 unten (Foto: Helmut Schrader). Stadt Hannover/Historisches Archiv: 66, 67, 68, 69, 70 oben, 71 oben, 72, 73, 81 unten. Stadtkonservator Köln/Dorothea Heiermann: 20 links. Stephan Braunfels Architekten, Berlin/München (Foto: Zooey Braun): 102. Wilford / Schupp, London/Stuttgart und LBBW-Immobilien: 105 (Foto unten: Ralf Grömminger). www.denkenbauenwohnen.de / Bernhard Tatter und Christian Kuegler, Leipzig: 22 unten. www.laufwerk-b.de/wiederaufbau / Matthias Seidel, Berlin: 8, 44. www.ostmodern.org / Matthias Hahndorf, Dresden: 62 oben. www.restmodern.de / Andreas Muhs, Berlin: 2, 23 oben, 40, 46, 50. www.superclub.de / Cornelius Mangold, Berlin: 23 unten, 49 (Foto: Stefan Wolf Lucks, Berlin). www.wikipedia.nl: 34 unten

Die Bundesstiftung Baukultur dankt den Verlagen für die freundlichen Nachdruckgenehmigungen. Jeder mögliche Versuch ist unternommen worden, die Besitzer von Bildrechten ausfindig zu machen. Wo dies nicht möglich war, bitten wir die Urheber, sich mit den Herausgebern in Verbindung zu setzen.

Spread 1 (pp. 46–47)

Wolfgang Pehnt

Sehnsucht
nach
Geschichte

Eine schmale Fuge trennt David Chipperfields Galeriegebäude am Berliner Kupfergraben von einem älteren Wohngebäude. Der Trennstrich zwischen Alt und Neu wird längst nicht immer so klar gezogen.

Man möchte glauben, wir lebten in Zeiten, die von leidenschaftlicher Neigung zur Geschichte erfüllt wären. Von „Altgier" statt „Neugier" hat Nietzsche gesprochen.[1] Verdiente Historiker werden von den Verlagen bestürmt, sich auf populäre, auflagenträchtige Darstellungen einzulassen. In der Vereinsszene haben sich neben Schützengesellschaften oder Freiwilliger Feuerwehr Gruppen herausgebildet, die Wikinger, Kreuzritter oder Indianerstämme nachspielen und sich – wo ein höherer Grad an historischer Treue erstrebt ist – „re-enactors" nennen, „Wiederaufführer". Einem Zeitungsbericht entnehme ich, dass bei ihnen „Authentizität" als hohes Gut gilt, aber wegen der schwierigen Aussprache des Begriffs kurz das „A-Wort" genannt wird.[2] Und kaum vergeht ein Fernsehabend, ohne dass Dokumentationen über die jüngst vermutete Lage von Troja unterrichteten oder über pazifische Seeschlachten zwischen Amerikanern und Japanern im letzten Weltkrieg.

„Man sammelt wieder Altes und nur Altes, statt der neuen Mode mit neuen Gegenständen kam die neueste mit alten Gegenständen", schrieb Adalbert Stifter 1857 im *Nachsommer*.[3] Aber das ist nicht unsere Situation, sondern es war die des Historismus im neunzehnten Jahrhundert. Im gegenwärtigen Meinungspluralismus herrscht die „neue Mode mit neuen Gegenständen" (das wären die spektakulären Erfindungen der Stararchitekten, die sogenannten signature buildings, die dem Bedürfnis nach Markenbranding Genüge tun), und es herrscht gleichzeitig die „Mode mit alten Gegenständen". Dazwischen liegt natürlich die unermesslich große Menge des banal Alltäglichen, das weder durch Novität noch durch Erinnerungsversuche noch durch Qualität auf sich aufmerksam macht.

Die Frage ist, ob und wie die „Mode mit neuen Gegenständen" und die „Mode mit alten Gegenständen" zusammenhängen. In der Argumentation der Rekonstruktionsfreunde spielt bei architektonischen wie bei städtebaulichen Themen jedenfalls immer ein Hinweis mit, die Moderne habe ihre Chance reichlich erhalten, habe sie auch noch in weiten Bereichen der Städte. Nun sei der Augenblick gekommen, der Historie wenigstens in den ehemals alten Innenstädten ihre Rechte einzuräumen.

Warum rekonstruieren?

Welche guten Gründe kann es für die „re-enactors", die „Wiederaufführer" geben? Ein Grund wäre die lehrhafte Veranschaulichung dessen, wie es gewesen ist. Im großen Maßstab ist diese Praxis mit ihren illustrativen oder pädagogischen Zwecken seit dem Weltausstellungen des neunzehnten Jahrhunderts angewendet worden. Diese zukunftsträchtigen Musterschauen besaßen immer ein historisierendes Anhängsel. Nach der Besichtigung der aktuellen Sensationen spazierte man durch Oud-Antwerpen, Old Chicago, Vieux Paris, La Belgique Joyeuse, Vieux Québec, je nachdem, wo die Weltausstellungen stattfanden, und genoss die optische Illusion, auch wenn sie nur aus Stuck und Leinwand bestand.

Les Vegas des letzten Jahrhunderts: Eine zeitgenössische Postkarte zeigt den Themenpark „Le Vieux Paris" auf der Weltausstellung 1900 in Paris.

Spread 2 (pp. 30–31)

Der Plan zeigt die städtebaulichen Umgestaltungen der DDR-Zeit.

Blick von Südwesten auf das damalige Interhotel, die Freundschaftsinsel und den Alten Markt im Jahr 1987.

Konzentrierte sich die funktionale und gestalterische Neukodierung der Potsdamer Mitte zunächst auf den Bau des Ernst-Thälmann-Stadions im Lustgarten, folgte 1967 bis 1969 der Neubau des Interhotels, des heutigen Mercure (Sepp Weber, Helmut Töpfer, Herbert Gödicke).

Im Zuge des Neubaus der Bibliothek (Sepp Weber, Hartwig Ebert, Peter Mylo, Fritz Neuendorf), des Lehrerbildungszentrums (Sepp Weber, Wolfgang Merz, Dieter Leitz, Herbert Gödicke) und der Wohnbauten (Hartwig Ebert, Peter Mylo, Fritz Neuendorf) wurde in den siebziger Jahren der historische Stadtgrundriss im Geiste der Nachkriegsmoderne und das real existierenden Sozialismus überplant. Anstelle der Herrschaftsarchitektur der Hohenzollern sollte die „Neue Potsdamer Mitte" entstehen, die als zeitgemäßer Höhepunkt der Stadtkomposition die zentralen Einrichtungen der Stadt aufnehmen sollte. „Der bauliche Ausdruck von Kommunikationsbeziehungen der Bewohner und Gäste manifestiert sich in der harmonischen Verbindung historischer und neugebauter Komplexe. Das Stadtzentrum, in dem sich ein Hauptteil des politischen und geistig-kulturellen Lebens vollzieht, als künftig ein Höhepunkt der bau- und bildkünstlerischen Gestaltung der Stadt so zu entwickeln, dass es den unverwechselbaren Charakter in hervorragendem Maße prägt."[1]

Abgesehen von dem Pathos drückte sich in der Realität eine städtebauliche Haltung aus, welche die Großmaßstäblichkeit in Synergie mit einer aufdringlichen Leere brachte. An die Stelle differenzierter Raumfolgen traten Verkehrsknoten und halböffentliches Abstandsgrün in Verbindung mit zu großen Gebäuden.

„Den Potsdamer Bürgern und den vielen Millionen jährlichen Besuchern zeigt sich das neue Stadtzentrum um den Verkehrsknoten an der Langen Brücke als attraktives Ensemble mit vielfältigen Funktionen – wie Kulturhaus, Filmmuseum, Hotel, Bibliothek, Bildungseinrichtungen, Verkaufseinrichtungen, Gedenkstätten, Klubs und Wohnhäusern in restaurierten historischen und neu gebauten Gebäuden – die gleichzeitig Spiegelbild widersprüchlicher Entwicklungen in Städtebau und Architektur sind."[2]

Den Rohbau des Theaters am Alten Markt ließ die Stadtverordnetenversammlung im Jahr 1991 abreißen.

Erst im Jahr 2006 erhält das Theaterensemble mit dem Neubau des von Gottfried Böhm entworfenen Hans Otto Theaters eine eigene Spielstätte.

Die Leere sollte ein Theaterneubau füllen, dessen Eröffnung für das Jahr 1993 geplant war. Entworfen wurde er unter anderem von Günter Franke, einem jener Architekten, die für den Bau des Berliner Fernsehturms am Alexanderplatz verantwortlich zeichneten. 1991 beschloss die Stadtverordnetenversammlung jedoch, das im Rohbau fertige Haus abzureißen. Das Theater fand mit dem Neubau des Hans Otto Theaters in der Schiffbauergasse, entworfen von Gottfried Böhm (2006), seine neue Spielstätte.

Im Rahmen der Bundesgartenschau 2001 wurde der Lustgarten als zeitgenössische Interpretation des historischen Motivs nach einem Entwurf von Albert Dietz und Anne-Maud Joppien angelegt, und auch die berühmten Staudenanlagen von Karl Foerster auf der Freundschaftsinsel konnten wiederhergestellt werden. In Verbindung mit dem rekonstruierten Fortunaportal wurde der Alte Markt 2005 in seiner Oberfläche teilweise neu gestaltet.

Auf der Suche nach der neuen Mitte

Zur endgültigen Neuordnung der Potsdamer Mitte führte die Stadt Potsdam 2005 bis 2006 ein kooperatives städtebauliches Gutachterverfahren unter Beteiligung von sieben ausgewählten Entwurfsteams durch. Auf der Grundlage des Gutachterverfahrens entstand eine „Zusammenzeichnung", der wesentlichen Werkstattergebnisse für die Potsdamer Mitte, verbunden mit verbalen, obergutachterlichen Empfehlungen, die die zukünftige städtebauliche Grundlage der Entwicklung beschreiben.

Der Masterplan empfiehlt, die Fachhochschule durch eine dem Standort maßstäblich entsprechende Bebauung zu ersetzen, das Bibliotheksgebäude jedoch zu erhalten. Dabei soll das historisch wertvolle Raumgebiet wiederhergestellt werden. Dies erfordert auch, das Gebäude nördlich der Nikolaikirche abzureißen und durch eine kleinteilige Gebäudestruktur zu ersetzen. Mit dem 2005 beschlossenen Umzug des Brandenburgischen Landtags vom Brauhausberg in den Neubau des alten Stadtschlosses verbindet sich die Chance, der Potsdamer Mitte einen Teil ihrer auch gesellschaftlichen Bedeutung zurückzugeben.